U0035710

思想觀念的帶動者

文化現象的觀察者

本土經驗的整理者

生命故事的關懷者

心靈工坊
之[PsyGarden]

Master

對於人類心理現象的描述與詮釋
有著源遠流長的古典主張,有著速簡華麗的現代議題
構築一座探究心靈活動的殿堂
我們在文字與閱讀中,尋找那奠基的源頭

沙灘上的療癒者：
一個家族治療師的蛻變與轉化

The Companions on the Journey Home:
a family therapist's spiritual transformation

吳就君—著

{目錄}

致謝

　　這本書能夠寫出來，我首先要謝謝林佩瑾和李玉華兩位小姐的堅持。她們就是一句話：「非寫成一本書不可，不要僅僅是上課講義而已。」若不是她們堅決地「逼迫」我的話，這本書大概還凌亂地散在我的抽屜裡。

　　我的原來想法是：這輩子，已經解除了教授的職責，我允許自己可以不寫什麼東西了。老實說我寫書時，常常伴隨著慚愧和不安感，連現在當下也如此。不是我寫得不對，而是常有感：寫不如用講，講會有互動和非口語補足；講又不如不講，那會有盡在不言中的圓滿。

　　我又偏偏喜歡看案主和主持工作坊。如果其中有同學願意整理這些東西，就拜託他們啦！這不是也會成就他們嗎？結果，幾年後，佩瑾決定念博士班。她慎重地把多年整理的厚厚一疊講義交給我說：「老師！這些還是屬於您的東西，您一定要自己完成……決定今年考博士班……以後會有玉華繼續協助囉！」玉華信誓旦旦地表示：「這本書還是老師要寫出來，我幫忙打字和排版。」

　　「呃……」我從被動化為主動，從不負責任轉為面對現實，戰戰兢兢，把它寫出來了。

謝謝佩瑾的耐心和溫柔、玉華的聰穎和效率。沒有妳們的堅持和鼓勵，這本書現在不會出現在眼前。

而後，和心靈工坊的桂花總編、慧秋總監相遇。我們一起享受十個下午的咖啡時間，調整本書結構以及寫得不完整的語意，好像把這本書送去韓國一趟整容回來，變得美美的。我感覺有些陌生和不習慣，細細地讀了一次又一次，我看到我要講什麼、我重視什麼仍然還在本書裡。我放心了，原來我的文章沒有潤飾一下，將會沒有讀者哩！

謝謝慧秋，辛苦妳了。

【推薦序一】

看著吳就君「長大成人」，的確是人生難得的喜悅

吳靜吉
（國立政治大學創造力講座主持人／名譽教授）

　　我真的是看著吳就君「長大成人」的——成為一個「有人味、與人連結、重視過程、真實做自己」、「以身心靈整體的助人工作」為志業的人。

　　吳就君已經轉化、蛻變為成功的家族治療師之後，有一次在上海進行一個美國跨國公司一級主管的工作坊當中，我親自體會到她「沙灘上的療癒者」的大師功力。這家公司的年度目標是希望他們的經理人能夠同時扮演員工諮詢輔導的角色，吳就君教授在表達並歸納這次工作坊的意義時，一位香港的參與者立即進入移情世界。當一百多位參與者還以為這位參與者只是在挑戰台上的權威角色時，吳大師在凝視對方眼神、傾聽對方的信息、情緒、感受和體會大家看不見的場域之後，迅雷不及掩耳的發揮同理心，並同時抽離關係的陷阱，成功地轉化為「療癒者－案主」的互動關係。這位案

主在快速的情境中，頓悟了自己的移情作用。

　　這本書是在描述並詮釋吳就君個人，以及從廿五歲「踩進助人工作的沙灘」之後，如何追尋「永遠是青年」的四個大夢，人生價值和意義、良師益友、工作和志業以及小我、中我、大我的感情。

　　廿八歲時，在追尋的過程中，她讀到了薩提爾所著的《聯合家族治療》，雖然她從閱讀中獲得喜悅、認同和充實的感覺，但她認為還是需要真正的「接觸自己」。

　　為了化反思為行動地追尋自我、接觸自己，四十二歲那年，她飛到加拿大，參加為期一個月的工作坊，讓她「生命資源浮現、靈性甦醒、自我價值感提升」。薩提爾實然已成為她的良師，她的楷模、典範與鏡像，這次的工作坊是她「一生學習的轉捩點」，從此嚮往薩提爾的「充滿創意、驚喜的、實踐」的生命和工作。

　　「充滿人味」的吳就君在一九八三年、她四十五歲時，邀請薩提爾台灣帶領五天的工作坊，她希望自己重溫舊夢，也希望台灣的助人工作者能夠透過薩提爾的「經驗學習法」來「體會家庭動力與家庭系統的概念，並在當下觸發個人的行為、情感、態度的覺察」，其實她也在同時自然而然、水到渠成地同理觀察所有現場參與者的身心靈。

　　她觀察到一位副教授「言語帶著故意作弄和否定的挑釁，薩提爾則對他真誠和尊重地回應」之戲碼。她的整合與

分化的頓悟使薩提爾從此也成為她的益友。那位副教授就如上海工作坊中來自香港的參與者，而薩提爾的表達和回應就是上海現場吳就君身心靈的表達與回應。

薩提爾來台的工作坊，我在行政上扮演了協同的角色，在二月雨天的陽明山親眼目睹吳就君的「長大成人」，那種感覺就像在寒冷的冬天泡溫泉一樣，不僅她，許多參與者也都體會到內心正向轉化的溫暖感受。

「真實做自己」的吳就君，實踐了一致性的三個層次的蛻變，「最初的層次是對自己的一致性，學習了解自己、接受自己……，第二個層次是與他人與情境的一致性，也就是可以整合自己與他人與外界環境的關係，第三層次是與人類、天地、萬物的一致性，忘我的境界……」，這是她嚮往的，這三個一致性的層次，其實就是心理學的三個基本元素。

為了完成自我，真實做自己，將一致性的三個層次整合成身心靈整體助人工作的「吳就君家族治療系統」，她五十歲時毅然決然到美國南加大攻讀博士，增強邏輯歸納，匯合學理和經驗，以及想望教學、療癒和學術三合一的創新組合。我也在她申請學校的過程中扮演了說客的角色，多一次機會近觀其變。

吳就君和我同年，也幾乎同一個時間參與「張老師」的工作，那時候我們都是三十出頭，就是從那個時候開始，我

一路看著她「長大成人」。體會一個家族治療師的轉化與蛻變過程，以及她最後成為沙灘上的大師療癒者。

　　看著好友「長大成人」，的確是人生難得的喜悅。

【推薦序二】

就君風華，燦爛再現

吳武典

（國立臺灣師範大學特殊教育學系名譽教授）

　　老實說，我對吳就君教授的印象主要還停留在二、三十年前「三吳」、「四吳」的時代。三吳是指吳就君大姐、吳靜吉老二和我吳老三，「四吳」則是後來加上了吳英璋小老弟。四吳其實有不同的專長領域，吳大姐專長社會工作，尤沉浸於家族治療；吳老二悠遊於教育與工商心理，並鍾情於藝文創造；我吳老三主修學校心理學，因緣際會成了輔導與特教的兩棲動物；吳老四專攻臨床心理，後來曾一度成為誤入政治叢林的小白兔。我們的個性也不大一樣，吳大姐活潑熱情，吳老二幽默灑脫，我吳老三樸拙古板，吳老四則冷靜沉穩。我們因參與救國團「張老師」培訓工作而結識、結緣，志同道合，一見如故，終成好友；雖未效法桃園三結義，卻被台灣心理與輔導界道上朋友和好鬧之徒湊稱為三吳、四吳，彷彿心輔界的鐵三角、四人幫，風光一時，傳頌一時，我們都欣然接受。能與吳家三傑並稱，我更心存感激、與有榮焉！尤其對吳大姐，當年我開始推動校園團體輔

導活動之時，慨然應允共同帶領及指導教師會心團體，帶動風潮，此情至今難忘！

之後，四吳各奔前程，聚少離多。我雖與就君大姐同校同事多年，卻交往不多，她作為家族治療師的蛻變與轉化，實在所知有限。直至今日，終於恍然大悟，原來吳大姐修道去了，而且已修成正果，寫成「家族治療真經」──就是這本書。大家都知道，在台灣「吳就君」這三個字幾乎就等於「家族治療」的代名詞。她著迷與於家族治療大師薩提爾美妙的治療過程，並將之引進來，發揚光大；她與薩提爾近二十年的互動和交心，早就超越了師徒關係，簡直情同母女！薩提爾在家族治療過程帶來的心靈震撼，在吳就君身上一樣可以感受得到。經過了另二十年的錘鍊，透過鑽研經書、做博士研究、不斷接個案、做工作坊及自我反思和自我對話，吳就君式的家族治療有了不大一樣的成分──有中華文化脈絡中的省悟和佛家文化體系中的靈動，形成她身心靈一體的助人工作觀，知行合一、有述有作。恭喜吳大姐的修為已晉升至「無二」、「無惑」的境界！這是我們夢寐以求的呀！

欣見吳大姐畢生代表經典作化育成形，嘉惠眾生；就君風華，燦爛再現，何其美妙呀！三個跟班的吳家小弟得以先睹為快，並藉以一家團圓，重溫「四吳」舊夢，太棒了！

13

個人與專業的融合

吳英璋
（國立臺灣大學心理系教授）

　　電話裡桂花說我們吳家班的大姐頭期望在她的新書裡，有其他三個吳的序或推薦，但因出版的工作已大致就緒，所以只有五天。我反射性地回答「可以」，是由於心中瞬間浮起的圖像：有人叫「吳老師」，四個吳老師一起回應，那個叫吳老師的急著澄清的表情，有夠幽默；大姐頭建議（應該是她起的頭，不過久遠的記憶不敢確定是否可靠）多加一個字，她是「吳就」，我是「吳英」，結果是「無救的」最有救，「無音的」常有意見。這是三十幾年前的事了，卻被桂花的話語激發，有如剛剛發生的情景，嘴上自然說出「可以」；說完之後，腦中立刻亮起紅燈，吳就這個時候出書，必然寫的是她數十年專業工作經驗的整理，我怎麼可能在這一週緊湊的工作程序裡，細細咀嚼？而沒有瞭解清楚，寫得出對得起大姐頭的報告嗎？

　　吳就是個很難「理」解的人。從我認識她開始，就很羨慕她那直觀的瞭解人的能力，抓緊「此時此刻」，且有深度

的「同理」，但是請她「說明」時，就需要細細揣摩她在那一時刻的心理歷程。我常自作聰明的幫著整理那段經驗，用的自然是科學心理學的概念。說明起來似乎有點進展，也常得到大姐頭的鼓勵，但私下總擔心是否越說明離題越遠。這樣的羨慕之情也讓我常模仿與練習她的作法，尤其是在全心讀Rogers的那段時間，常把Rogers與吳就擺在一起研究。有了這段經驗，實在不敢說可以「快速」揣摩清楚大姐頭新書裡的表達，受迫於時間，只來回看了兩次，就不得不寫報告了。

　　吳就寫這本書似乎有數重角色的扮演，首先是站在「個人發展」的角色上敘說，其次是「心理治療者」，第三是「家族治療專業的教師」；而在敘說的內容上，有自我的省思、專業工作上的領悟、理論系統的整合性教學與各項演練；敘說的形式上則有案例的說明、實際操作（演練）的具體說明，以及系統性的概念解釋。來回讀了兩次，整體的感受是吳就已經將「個人」與專業融合在一起了，真替她高興，也更佩服她的堅持與努力，我又與過去一樣從她的努力與成長中，獲得許多的啟發與學習。

　　書中提及與薩提爾的相遇相知，且一直將薩提爾視為個人的專業典範。這實在是種不可多得的福氣，因為專業上的困惑極需要專業典範的協助。然而吳就仍感到不足，趨向佛經的研修，更放下一切唸博士去，而孤獨的於海邊與沙灘上

向內探索，領悟脫離二元思考，走向一致性（一體性）的路徑，終於將個人與專業融合，發展出「要有人味、與人連結、重視過程、真實作自己」的人生與治療準則，且每一項準則都有其實踐的方法策略：「有人味」要從體驗「苦」去發展，「與人連結」需要從接觸自己開始，「重視過程」需要有「有機的過程」概念與操作，「真實作自己」則包含對自己、對他人、情境，以及對人類、天地萬物的一致性。這樣的人生領悟可以演化成專業的信念，而信念則可以賦予人內在力量（包含給予治療者的內在力量與給予案主的內在力量）。

由此項領悟，自然再度認同薩提爾所重視之「與人一起改變的藝術」的四面向：技術、教導、與人接觸、以及協同合作。

全書中，以個人發展省思者、治療者、教導者三種角色穿插敘說，再以理論系統概念、案例、演練交錯說明，告訴讀者個人的專業發展與人生的追尋軌跡，家族（心理）治療的本質、理論系統、操作原則，治療者如何訓練自己、發展自己，具體而清楚，讓我決定在交出這份報告之後，要再細讀這本書，用以完成「經驗學習」的全部過程。

最後，容我再度表達我的感謝與佩服。

自序

為什麼取《沙灘上的療癒者》這個書名呢？因為看到這個書名，是不是馬上有個海灘的畫面出現？

有了這畫面，我是想傳達常常提醒自己的三個訊息：

除了你和我，還有整體存在的覺知感；在沙灘上還有海水、海浪、天空、太陽、微風、白雲、白沙、直覺、想像……等等，共構成一整體的存在，相互影響著你和我的工作過程。

其次，工作和生活可以隨運隨順應變，發揮我們認為最合適的意象和方法。

我會遇到誰，遇到什麼，我們會怎麼走，都有構成不斷生滅變化的因素。盡本分重視自然。

這本書的內容包括三個部分：

「第一部：尋找、發現、蛻變」，在於表述我想要實踐「全人精神」助人工作的心路歷程和想法的蛻變，有點像自我獨白，問自己：究竟我喜歡自己成為什麼樣的人？答案經常修正更新，沒有終止。我分享生活世界裡的個人立場、位置，和活著所重視的價值觀，大多屬於整體的意識，而不是主、客觀二元所建構的有形知識。請大家不要用科學的思維

方法論、程序論等視框期待這本書。我嘗試傳達我所經驗到的和所了解的一些知識概念，那是和我內心的感性世界混在一起的，因此表達起來常有辭不達意的地方，真慚愧！

「第二部：接觸、一致、實踐」，與「第三部：過程、系統、發展」，都是透過工作坊的概念探討專業自我實踐的家族治療。透過參予式的演練活動，和案主故事的呈現，我想傳達我如何成為有人味的治療師。

人在行動中與人在知識中，各有包含不同的差異因素。在生活的世界裡，我深深地體會到：「說的」和「做的」之間有一段路，「懂」和「會」之間有不同的境界。做實務工作者除了充實科學的知識之外，也需要重視參予式的建構知識，「行動中的靜默知識」（silent knowledge)，這是我在工作坊的內容和經驗中所重視的。

家族治療專業自西方引進，然而東西方有著相當不同脈絡構成的團體文化。很耐人尋味地，本書不在文化的比較，而是曾經接受西方教育洗禮的現代台灣人——我——如何與自己的同胞工作。在地性實務工作的經驗在此表露與整理。

自我表白容易犯冗長的毛病，常是因為自己懂得有限。讀者願意讀下去，我要謝謝你的包涵，給予我分享的機會。願與珍視人的存在、包容生物－心理－社會－靈性層面的人，共同攜手繼續努力。（案主個人背景資料和故事內容，純屬杜撰，請勿對號入座）

第一部

尋找、發現、蛻變

我為什麼要聽這麼多人間的苦？

我憑什麼可以聽這麼多人間的苦？

我所做的事似乎沒有幫到他們，是不是我無能？

還是我有什麼不足？

我也用功求改善，看書、參加工作坊、做筆記、

吸取新知識，可是為什麼還是看不到在我身上的

轉化？

我怎麼了？我要怎麼繼續走下去？

第一章　我能為案主做什麼？
——我的困惑，我的追尋

> 原來以為自己會幫助人……
>
> 察覺到這是妄心妄念，
>
> 我看不到真相。

　　二十五歲的我意外地踩進助人工作的沙灘，我當時是台大醫院兒童心理衛生中心的小小工作者，有個「精神科社會工作者」的稱謂。

　　在精神科，整天面對著病友在身體上、心理上、情感上的痛苦，以及家屬們的無奈與悲戚，初生之犢的我充滿了助人的熱情，自認可以救贖別人的命運。但是，走過一段「自以為是」的日子之後，我卻開始感到身心耗竭，有時會升起強烈的無力感，心中常盤旋著幾個問題：

　　「我為什麼要聽這麼多人間的苦？」

「我憑什麼可以聽這麼多人間的苦？」

「我為他們做了什麼嗎？」

「所做的事不見得都對他們有助益，是不是我無能？還是我有什麼不足？」

「我也用功求改善，看書、參加Workshops、做筆記、吸取新知識，可是為什麼還是看不到在我身上的轉化？」

「我怎麼了？我要怎麼繼續走下去？」

當時的我，在無力感的背後醞釀起越來越多的憤怒，一種無法伸張個人力量的憤怒，在內心深處不斷累積中。然而，另一種自責的內在聲音也隨之出現：「明明是自己無能……」這個念頭一閃，就好像把憤怒又壓抑下來，轉換為自貶和自卑感。

咦！這不就是家族治療大師維琴尼亞・薩提爾（Virginia Satir）所說的，心的許多面貌嗎（Your Many Faces）？它們就活生生在我內心的舞台上一幕幕地上演。1967年前後，我大約二十八歲時，看了薩提爾的《聯合家族治療》（*Conjoint Family Therapy*, 1964），讓我嚮往不已，每次讀一個段落，內心就會湧上喜悅、認同和充實感，但是書中字句在我的助人工作實踐中完全使不上力，因為當時的我還沒有辦法真正接觸自己。我內心的規條仍習慣性地運作著導演的技倆，當內在的聲音說：「憤怒是令人討厭的！」即刻內在和外表就

不再顯露生氣，自我感覺良好地把自己蒙騙過去。但是內心深處卻繼續累積越來越多的無力感。

這是我對助人工作的第一波反思，我彷彿站在沙灘上，看著浪花一波波湧來又退去，清楚感覺到自己對海浪的變幻無能為力。

1980年，我帶著工作十六年所累積的疲憊、自我懷疑、憂鬱、沮喪和退縮，飛過半個地球，到魁北克參加薩提爾的家族治療工作坊。

那次工作坊約有一百人參加，與會者包括多數來自歐洲，其次北美、南美洲的家族治療師，加上一個來自亞洲的我。我還記得，當我自嘲地訴說著心中的懷疑：「我真的可以幫助別人嗎？我覺得我是在騙人。」高大而溫柔的薩提爾伸出手來，摸摸我的腹部，提醒我注意到自己的身體很緊，沒有氣力，並且轉身問在場學員：「有誰同樣覺得自己是騙子嗎？」結果有八成的人舉手。可見，這份自我懷疑，是絕大多數助人工作者共同面對的心境。

薩提爾微笑看著我：「吳，妳今年幾歲？」

「四十二歲。」

「夠了，妳四十二年的生活經驗，有好多可以讓我們學的。」這是她一貫的信念，她相信每個人本身就是一個奇蹟，不斷地在演變、成長，而且永遠有接受嶄新事物的能力。

　　這一次的課程，大家齊聚一堂連續相處三十天，讓我看到、聽到、感受到薩提爾如何「引導過程」，幫助這群人的生命資源浮現、靈性甦醒、自我價值感提升。那不僅是我感動的時刻，更是我一生學習的轉捩點。我發現她的生命和工作是充滿創意的、驚喜的，也是美的實踐。這些在在令我心嚮往之。

　　我迫不及待想要邀請薩提爾來台，跟更多人分享我的感動與體悟。1983年，薩提爾終於來到台灣，帶領五日工作坊。陽明山的二月落著綿綿細雨和驅之不散的寒意，薩提爾卻絲毫不在意天氣，她全然地和我們在一起。我們這一群來自台灣和香港的朋友，包括社會工作者、精神科醫師、臨床心理師、教育諮商者、牧師、神父、教育及行政者等各行各業的專業同好。薩提爾運用「經驗學習法」讓我們體會家庭動力與家庭系統的概念，並在當下觸發個人的行為、情感、態度的覺察。

　　還記得當時，有位知名大學的副教授要求現場與薩提爾做角色扮演，演練的過程中，他的言語帶著故意作弄和否定的挑釁，薩提爾則對他真誠和尊重地回應，勇敢地做出一致性的表達。當時我看在眼裡，臉上淌著熱淚，內心深受震動。結束時，我緊緊地抱著薩提爾哭起來，但這也許對薩提爾來說，本來就是很如常的事。正如吳靜吉教授所說的：「薩提爾的系統觀超越學派、心含全相、包容創意，令人相

信人類的存在是有各種可能性的。」

我曾經問過薩提爾：「妳有沒有感覺累過？」她說：「從前我會覺得累，現在不會。因為，當我與人接觸的時候，覺得能量會循環。」當時的我並不完全明白這句話。十餘年後，我聽懂了，也體會到了，在心裡微笑對她說：「維琴妮亞，謝謝妳。」

對我來說，真正迷住我的，是薩提爾她那美妙的「治療過程」，很難用模式套裝來傳授。在她的身上，我看到人本主義的精神並不是教條口號，而是被具體實踐出來。她每一次與人接觸的時候，我都可以感覺到她內在背後的觀念，相信每一個人都是有能力的、提升自尊是啟動自我力量的起始。人需要學習和改變，她所展現出來的典範，讓我願意盡畢生之力，去學習接近自己，如實地與自己和他人連結，成為一致性的人。

直到今日，我對薩提爾的感情仍是一往情深的，隨著歲月的增長，越久越肯定。她對人性的正向信念，也常在我心中散發著耀眼的光亮。我帶著她送給我的禮物，在台灣這塊土地上，面對著華人家庭文化的獨特性與心理脈絡，走著自己的道路，追尋並發展屬於自己的治療風格與人文歷程。

接觸自己和追尋一致性是一條很漫長的路，並非一蹴可及。雖然我從薩提爾身上看到美好的典範，但是在專業工作上、自我價值的追尋上，困惑的浪潮聲仍未曾止息。平日的

我看起來是個善良、優雅、認真的工作者，有時內在的信心告訴我：「這不也是我個人的資源嗎？」，但接著內心的不同聲音又來了：「妳在騙人，明明沒幫到什麼人，卻要顯示自己是資深的、有經驗的助人工作者……」也許有一部分的我真的是較熟悉業務了，能夠整理出一套說得上口的道理，內心拚命地想要自我肯定；但另一部分，心底卻有著越來越大聲浪，一波一波推湧過來……

　　「我有什麼其他的可能性嗎？」

　　「我想改行，但改行就可以對自己的內心交待嗎？」

　　「我想要改變自己，那麼要變成什麼樣子呢？」

　　「我喜歡自己成為什麼樣子的人？」

　　「我和外界的關係究竟是什麼？」

　　「誰能替我決定？」

　　「我成為人的意思是什麼？」

　　「我是誰？我是什麼？」

　　後面的幾個大哉問，成為我解決自己困惑的主要道路，一條沒有盡頭的曲折路。1970至1988年，將近二十年間和薩提爾的相遇和互動，看她與人工作，內心震動和驚艷之餘，卻仍然不時有淡淡的悲情流動在我心中，我不知道那是什麼？也許是靈性的渴求，我開始隨手閱讀經書。

　　某日清晨六點，我參加妙蓮法師的法會，兩小時的唱誦後，我心中湧現滿滿的悲意，眼淚奪眶而出，怎麼也止不住，想來那是脈輪振動的能量。回到家裡後，我繼續盡情地流淚直到晚上。

　　次週，我照預定的行程出發往南加大報到，開始念博士班。

　　那時，我已經五十歲，為了追尋生命的答案，我放下熟悉的生活和穩定的教職，放下心愛的三個兒女、家庭責任和社會角色，獨自一人負笈到美國攻讀博士學位，從老師重新變成學生。在異鄉的孤寂和壓力中，恐懼和批判盤據內心。我不斷跟內心對話，學習面對許多的無奈、無力和無助，學習接納自己的投降和逃避，容許自己有害怕恐懼和自我批判，學習面對自我羞辱的聲音和感受，也學習謙卑的態度，以不同角度來重新審視自己的專業道路。我已經沒有後退之路，所有的困惑和痛苦，只能不斷去了解它、咀嚼它，反反覆覆地覺知和接受；接受了，才能放下，不再緊抱著苦，而是抱著探索自己的興趣，誠實面對自己，接觸自己，追求自己的一致性，久而久之，「下一步要做什麼」的訊息自內心油然而生。

　　當時我刻意遠離人群，住在加州海邊，經常獨自一人面對著寧靜遼闊的大海，在互古的潮汐中，我頓然體悟到自然的力量──生命（有機體），活著就是生命的見證，有機體

會不斷成長、學習和演化，不論自己或別人都是一樣。

博士班的訓練強化我的邏輯思考，同步地亦強化另一類思索──我發現自己的苦，常出於慣性的二分法思維系統，得vs.失、成vs.敗、對vs.錯、我vs.你、苦vs.樂……當我們在二元對立的世界左右來回擺盪，根本得不到真正的快樂平安。只有體會到**「一體性」**，**盡量脫離對立性和差別心**，與整體連結，才可以脫離二分法的慣性思考。

回到台灣之後，我回到熟悉的生活軌道，但是內在的思索一直伴隨著我，靈光乍現的訊息也不時浮現心中：「人間的路走完了，要走天上的路。」「人間的路和天上的路有什麼不一樣？」「前者是相對的，後者是無二的世界。」「前者、後者，人間、天上，不是有二嗎？」「無二是什麼？沒有分別心。」這些內在湧現的對話，引領我不斷追尋靈性的道路。

我越來越覺得，助人工作是一種身心靈整體的工作。經過數十年來不斷的困惑與追尋，如今的我，已經越來越確定，我喜歡自己成為什麼樣的一個人，那就是：要有人味、與人連結、重視過程、真實做自己。

一、要有人味

我覺得「人」是全人的，全人的意思是「成為能夠覺察主客體的一合相：身－心－社會－靈性一體相的人」。每個人都有感覺、有情緒、有欲望、有理智、有靈性、有獨特的

生命能量。我們每個人都不一樣，但又是異中有同的存在。當我跟案主相遇的時候，我會特別感受到人性根本的渴望是什麼？他今天為什麼會過來？他和我在一起是想要獲得什麼？我會尋找他的整體脈絡，不會只從表面去回應他。我教團體動力課程的時候，也不斷跟學員強調：團體動力有看得見的部分，也有看不見的部分，尤其是看不見的場域，是要用心去感受和體會的，你經驗到的東西值得細細咀嚼和省思。

　　要有人味，通常是從體會苦當中覺察而來的。遭遇「苦」的——不論嚴重度或大小——可貴的部分是當事人會如何反應苦。經歷苦悶、失敗、憤怒、無力、無能的心路歷程，在這樣的時刻，如何整理出對人的想法和對事情的看法是幫助我轉變生命的動力。萬物的存在是一體的，生命能量是彼此影響的，生命的得意、失意、快樂、痛苦，所有的起起伏伏都是生生滅滅循環不止。在循環中尋找平衡，然後又會破壞平衡，需要再一次調整。用這樣的眼光看家庭、看個人，當他們帶著困難前來，就是能量混亂的時刻，我陪伴他們重新找到新的平衡，並且衷心恭喜他們，有意願從混亂當中學習珍貴的東西。

二、與人連結

　　最初啟發我與人連結的概念，是我看到了薩提爾的工作，心想怎會這麼奇妙、這麼美！所以我在教學的時候常常

講，「與人接觸」就是我們的第一課，是最重要的基本功。很多人剛開始不了解，自認為：「我每天都在跟人接觸了啊！」上課一段時間之後才逐漸明白：「原來自己的生活大部分不是與人接觸！」

我個人在翻譯完薩提爾的《與人接觸》（*Making Contact*）一書的時候，心中有很大的興奮感和共鳴。她強調人與人接觸的時候所發生的美好經驗，可以帶動一個人的轉化。要做到與人接觸以及與人連結，就是要有你、有我、有情境脈絡，包含全部整合的接觸，如以下這張圖：

圖1 脈絡情境事件／你／我

要做到與人接觸，要先能夠接觸自己。在上圖中，你、

我、脈絡情境三者的交會處有一個中心點，我認為，接觸自己，就是要去接觸自己內在那個漂泊不定的中心點（參閱第77頁、第112頁）。也就是說，在每個當下情境中，人在哪裡，心就在哪裡，不要留戀過去或思量未來。當我們接觸中心點時，也會連帶看見自己心中的害怕、擔心、得失心，這需要自己花時間誠實去面對。當我們花越多時間去覺察自己、接觸自己、面對自己，對自己下的功夫越多，越能夠將生命的窗戶都打開來，讓你、我、情境脈絡的訊息全都包含進來。

三、重視過程

我特別強調「有機的過程」，而不是機械化的過程，意指忽視人在發生事件，卻抓住事件當做全部的過程，這是沒有人味的過程，也無法與人連結的。有機的過程包括：有過程的語言、能夠感受人與人之間關係的存在，並且能夠進入案主的情緒世界，並且清清楚楚可以靈活拿捏界限（boundary），不會讓自己與他人糾纏不清。透過有機的過程，可以引導案主澄清他的思維脈絡，弄清楚他自己的期待及目標，幫助他面對他的現實世界，探索他自己真正要的是什麼。治療者是一個媒介，我們和案主發生連結，卻又有各自的主體性；我們要清楚他在哪個點上，幫助他去接觸自己的情緒和感覺，找出自己的資源和動力，走出合適自己的過程。治療師從表面內容轉向對過程的理解，是專業訓練很重

要的部分。

四、真實做自己

如前面所說的，當我們越能接觸自己，越可以做到一致性。這是一個漫長的旅程。以前我還沒退休的時候，生活中還是有許多現實的關卡，包括責任、義務、得失、利害、欲望……在種種牽絆和忙碌生活之中，我盡量做到省思與覺察，發現自己應對時的討好、指責或超理智狀態時，願意省思和咀嚼自己內在動力是什麼在騷動，如果再重新經歷會有不同的做法嗎？可能有不同的選擇嗎？如此不斷修正自己。

退休之後，我的生活變得很單純，心思也跟著單純起來，幾乎每天晨起到公園看看花草、聽聽鳥聲，或者與公園裡的樹木、池塘裡的魚兒道早，享受成為自然環境的一部分的感覺，沒有太多罣礙。我也漸漸體會到，一致性的三個層次。最初的層次是對自己的一致性，學習了解自己、接納自己，包括眼耳鼻舌身意的身體覺受、情緒面、理智面、靈性面。第二層次是與他人、與情境的一致性，也就是可以整合自己與他人、與外界環境的關係。第三層次是與人類、天地萬物的一致性，忘我的境界。那是我嚮往的。

這一生的旅程，我的心中充滿了感謝。對我來說，工作就是生活，生活就是一連串的互動：跟自己、跟家人、跟朋友、跟案主、跟社會文化系統、跟大自然的眾生萬物，都不斷在互動。一路走來，受到家人、師長、同學、朋友、同

事、學生的相互影響，我不再只聽到自己、案主、案家的苦、痛、悲傷、憤怒、害怕、悔恨、失落……我還聽到更多**「人」的聲音**，找到許多**「人」的力量**，我們彼此陪伴著，一起走向更陽光的境界。

第二章　信念與靈性賦予人內在力量

我在游泳時，突然來了個念頭：

「是我在游泳？還是海水把我浮起來？」

這個世界絕不是任何一個「我」可以完成任何

工作，沒有一件事的發生是全由自己做主的，

我存在於整體中。

信念賦予人內在力量

　　正如前一章的副標〈我的困惑，我的追尋〉所表達，**困惑，是屬於生命的原動力之一，這成為我的信念之一**。這個信念推動著我的心路旅程，尋找能夠說服自己的答案。在接觸別人、也接觸自己的過程中，逐步形塑自己不執著於區區的個我，而是我們中的我、整體中的我。個我是天地之間的微塵，共同構成天地人整體，這樣的視框和胸懷是我追求的，也影響我面對案主時，不再只聽到悲苦事件而已，還會用心體會案主的過去、現在、未來，用心去看案主存在的微觀和

宏觀情境，以「顯微鏡vs. 望遠鏡」的視框來回思索，面對著困惑而不排斥、不拒絕、不否認，認真去面對它、了解它、看著它，這股力量將轉化出很多的可能性。

因此，當我在訓練家族治療師的時候，經常強調：要擴展自己的胸懷，與人連結，看到人性中的正向力量，建構自己的信念。因為，家族治療師的心胸和眼光，可以幫助案主重新看見自己的家庭、欣賞自己的家庭，並且轉化家庭系統，運用優勢克服弱點，找到意義的歸屬。這也是我對助人工作的重要信念。

建構信念的旅程中，薩提爾的治療理念和人本主義精神，對我有許多啟發。她說：**「每個人本身就是一個奇蹟，不僅不斷地在演變、成長，而且永遠有接受嶄新事物的能力。」她相信，不論外在條件如何，在這個世界上，沒有人是無法改變的；她與每個人「真誠」的相遇，會引發神會的互動，發生身、心、頭腦和語言的一致性經驗，這種一致性的力量存在於每個人的生命力中。她善於喚醒人的生命力和內在資源，幫助人們看見自己的美好，如此一來，自然有能力處理棘手的問題。**正如薩提爾在《家庭如何塑造人》（*Peoplemaking*）書中所說的：「我見一個人時，我要努力讓他看我所看到的，然後我們一起把暗澀的一面轉變為大的、明亮的一面，而且看到新的可能性。」

信念寓於人的精神、行為、和態度中，屬於整體性的展

現，很難加以切割。不過，在此處我還是將薩提爾的信念條列出來，做為大家的參考：

- 對任何人來說，改變都是有可能的，即使外在的改變有限，內在的改變還是可能的。
- 我們無法改變過去已發生的事件，但是可以改變那些事件對我們的影響。
- 案主不是一個「有問題的人」，而是一個「背負問題的人」。
- 個人處身在系統中，必然受到系統的制約和影響。當個人出現問題，通常表示系統也出了問題。
- 問題不是問題，如何應對才是問題。
- 人們的應對通常是在痛苦經驗中求生存的方式，這一點應該被承認和尊重。
- 欣賞並接受「過去」可以增加我們管理「現在」的能力。
- 改變是成長的起點，「希望」是「改變」最重要的成分。
- 每個人都有能力找到內心的寶藏，它讓我們有能力獲得成功，並且成長。
- 我們有許多選擇，特別是對壓力做出適當回應，而非對情況做出即時反應。
- 應對乃是自我價值的顯現；自我價值越高，則應對的方式越統整。

● 治療要把重點放在健康及正向積極的部分，而非病理負面
的部分。

● 我們都是同一生命力的明證，透過這股生命力相連結。

● 人類的過程是普同性的，因此適用於一切情況、文化及環
境。

● 父母常重複在其成長過程中熟悉的模式，即使那些模式是
功能不良的。

● 接受父母也是人，並且在人性的層次、而非角色的層次上
與他們相遇。

● 治療的主要目標是個人可以為自己做出選擇，達到一致性
及高自我價值感。

● 健康的人際關係是建立在價值的平等上。

● 「運用自己」是治療師最有力的治療工具。

　　家庭是時間最長的自然團體。多年來我從事家庭的實務
工作有了一些體會，也讓我凝聚出對家庭現象的動態看法：

● 家庭是一個情緒系統的運作，沒有所謂的英雄、惡棍、好
人、壞人、健康或不健康的人。家庭之所以有問題，是因
為家庭系統出了問題，而不是因為家庭成員有行為問題。

● 家裡任何一個人的行為都與家裡每個人息息相關，互相影
響形成連鎖效應，可以說共構的連鎖效應在家庭中會一再

重複，可以預測。問題不是出在個人身上，而是出現在連鎖效應內。所以我們觀察家庭時，要保持距離地觀察這個效應如何出現？如何被增強，是誰得到了什麼訊息？以及每個人在連鎖效應中扮演的部分是什麼？

● 每一位家庭成員遲早都會在系統中扮演某個角色，一旦他被貼了標籤，就開始根據這個標籤演出他的角色。在這件事情上，家庭系統的支配性比一個人的主導性要大。

● 要想知道一個人是如何被貼上標籤，或者想去改變它，是有可能的。不過，這並不是一件容易的事。因為，不論這標籤多麼難聽，多麼令人生氣、厭惡、埋怨，但每個人都會從它有所獲得。他從標籤得到自我認同，也變得熟悉它。要想變成一個「新的人」對自己是挑戰，但也是一種解放。標籤阻礙了一個人的成長，限制了他的潛能。通常，標籤跟這個人的本質幾乎毫不相關。

● 有了這種看法，我們彼此不應該責備任何一個家庭成員，這是雙方面的問題。集中心力來改變自己而非改變他人，就可以避免自己長期停留在沮喪了。

● 由於家人之間的關係親近及緊密，很容易形成三角關係。如果其中一分子對另一位家庭成員感到生氣、失望、沮喪，或被傷害而又無法排解這些感覺，就會把另一個人牽引到這個關係之內。

● 家庭中，做父母的常會利用子女來彌補他們夫妻間所缺乏

的東西；子女也會運用使父母對立的方式，將自己納入三角關係。有時候局外的朋友或親戚也會被拉進來而形成三角關係，如果三角關係中的某一方改變位置，整個三角形就會變化。

● 在家庭、在職場都一樣，建立健全的兩人關係為基礎，進而發展團體關係。**人際關係的基本單位是兩人。**

● 家庭精神會一代一代傳下去，做父母的會把他們在原生家庭中所擁有的情緒位置，帶進現在的家庭中再度呈現出來。他們從原生家庭帶來偏見、焦慮和期待，並將之加諸在目前的家庭成員身上。如果父母能覺察到自己在原生家庭是如何被塑造的，並且採取行動加以改變，他們也會在目前的家庭中做同樣的努力。

　　上述的動態眼光，形塑了我在進行家族治療時的主要觀念，也讓我在面對家庭時，同時擁有縱向和橫向的立體觀點。當一個家庭來到我面前，我會把家庭發展史的地圖放在腦海中。如果是一個退休家庭，每個人的位置和心態是如何？這個階段的主要發展任務是什麼？如果是剛剛有嬰兒誕生的家庭呢？養育青春期子女的家庭呢？這樣的縱向面地圖，是我在感受一個家庭的互動能量和運作想像力時，很重要的一個參考。

　　而橫向面的觀察，我也會用圖畫畫出來。看一個家庭的

時候，我不只在事件的內容上打轉，而是會看他們彼此在如何回應和處理事件？想像力怎樣？感官和感受是怎樣？性愛關係如何？生理方面、社交方面、人際方面、財務方面以及精神方面等等，這些都是很核心的家庭互動面向。家人之間如何進行協商？協商到最後的結果和結論為何？這都是很重要的過程。

我認為，沒有所謂「理想化」的家庭，只有功能良好或失功能的家庭。家族治療師要能夠看見每個人正向的部分、人性裡有力量的部分，以及家庭裡蘊藏的資源，有所覺察並且把它表達出來，無形中也對這個家庭生命史的發展做出見證，會給這個家庭相當的力量。

人類活著需要有愛、需要有伴、需要被理解、被認可和被尊重，所以我們需要團體、需要家庭，成為「群」，成為「團體」。時間一長，其間的互動因慣性形成系統，系統有其規則，而規則如何保持彈性，才會讓我們不被規則控制和操弄，這都是每個家庭在努力面對的課題。治療師的工作就是要讓家庭成員看見自己的家庭，欣賞自己的家庭，願意討論自己的家庭，共同創造家庭存在的美好價值。

靈性賦予人內在力量

我們活在天與地的中間，萬物都有能量，天的能量透過我們傳達到地，地的能量透過我們傳達上天，當我們與天地

連結，就是連接靈性世界。

正如第一章所述，靈性的探索幫助我看見二元對立的人間之苦。生命就是能量，而案主的痛苦和創傷，就好比把他們自己的生命能量凝固在二元對立的兩端，或者在兩端之間反覆徘徊，找不到出口，**缺少高度的指引**，無法從上方的陽光吸取新鮮能量。治療師的工作，就是要幫助案主將陰暗固著的能量轉化為肯定的力量、正面的心態，注入新的陽光讓能量重新流動；能量有流動，生命才不會僵硬靜止，才能發生「成長」和「改變」。

講到能量，讓我聯想到中國文化中的太極圖，黑與白、陰與陽，看似分成兩半清楚的領域，卻以溫柔的曲線緊密連接，黑中有白點、白中有黑點，界線分明又彼此滲透、循環不息。推動這個循環的力量，如何生生不息如流水般不會停滯僵化呢？這是我關心的核心。

我認為，人的視框除了二元對立，還要找到內心世界的第三點。有形vs.無形、物質vs.非物質、有生命vs.無生命、人vs.我……萬象包羅的中心點，依我的想像，就位於人與環境全相存在的畫面中。

我姑且天真地把想像中的第三點勉強有形化，從我們的眉心垂直上下延伸，眉心它不落兩端又連接兩眉，不執著在相對的兩端，又與兩端為一體，宛若人活在人間又與天地連結。第三點好比**心靈的天線**，會從第三點上下縱向通過眉心

穿透上去，與天感應，兩腳與地連結，這是我對天地人的想像畫面。這個天線在心靈寧靜時，會聽到生命呼吸躍動的頻率與環境融為一體，原本無力感或無意義感的有機體，他的脈輪會發生能量感應而有轉化的可能。

把第三點的想像以具體畫面表達之後，自覺著境又著相，又掉入二分法的思維，不禁自我嘲笑起來。

這第三點的發生，對我來說是從「一致性」的追求和正向關懷起始的。第三點的能量轉動不一定是快快樂樂、歡歡喜喜的，但肯定需要心境平靜、平衡、寬鬆、柔軟有轉圜的空間。當我專注地傾聽案主的苦楚時，有可能將此能量連接到第三點，連接的空間會出現陽光，會有正向的訊息自然從口中說出，正向的導引有可能觸動案主的第三點，這麼一來，雙方整體可能會相互共鳴，**發生 "yes" feeling，引出行動的力道來。語句和形式是其次，態度的真誠才是關鍵。常常真誠的面對（接觸）自己的內心世界，才能夠真誠的接觸別人**。如果是「**學習**」真誠地對待別人，很容易流於一種虛偽。

有關第三點的發生，神秀和慧能的故事（六祖壇經）一直影響著我。那首神秀的詩：

身似菩提樹
心如明鏡台

時時勤拂拭

勿使惹塵埃

　　這首詩在不同的時候我念過無數次，與生命的經驗一起咀嚼，體會到自己對外界的投射作用，常用二分法反應，就和神秀的詩境所對應的世界相似。神秀在著境著相、「有形」的境界尋找出世，我在日常「有形」生活中不斷區辨和反應；前者是追尋出世的修行人，後者是有分別心的芸芸眾生！兩者都是在有形世界對應著二元思維。

　　為什麼祖師弘忍要傳法給慧能，而不是神秀呢？看看慧能寫的：

菩提本無樹

明鏡亦非台

本來無一物

何事惹塵埃

　　要不是前有神秀的詩，就襯托不出後來慧能的境界。

　　慧能說出了究竟的道理，明心見性，佛性的層次，人本來就有另一種存在，無形世界中——靈性、精神、磁場、氣場、精、氣、神……與有形世界的眼耳口鼻身意，虛實兩者密不可分，互為整體。**靈性是支撐人活著的「意義」，心靈安頓的能力，要整合實和虛的能力。**人類缺乏靈性時，一直

忙忙碌碌只活在相對世界中，好像很有權力掌控生活，卻從未滿足過，而迷失方向。若在庸俗的生活中又能感應無形世界「**無一物中無盡藏**」，體會有無不二的境界，這時帶來心靈安定、存在Being、接受和面對生命的本來樣子，那就是我要尋找的第三點吧！

有一個畫面，三十年來不曾在我心中遺忘。1983年二月，薩提爾結束台灣的工作坊之後，我們共同沈浸在陽明山溫泉浴中默默不語，熱呼呼的水汽使我如身處雲霧中，這時，在身邊的她輕聲喃喃地說：「此刻我覺得自己的精神是和耶穌、孔子、釋迦摩尼佛、默罕穆德同在一起。」

我們會安住於第三點，感應與天地宇宙共存，那雖然像一剎那似有似無的感應，但是常有這樣的一剎那，就會珍惜活在當下的每個時刻了！

第三章　治療師是解讀者、溝通者
——今紅的故事

父母常會重複自己成長過程經驗到的熟悉行為，
即使那些行為在當下已不具備有效功能。
父母在任何時候都是盡他們的能力去做，
這個信念讓我在面對「家庭」時，有著許多的
尊敬，而不是責備。

　　九月的清晨，我如往常地走過羅斯福路的巷道，進入師
大後門，要加入六點的太極拳班。前面走著一個學生模樣、
寬褲口的胖女孩，匆匆與她擦身之際，兩人瞬間互瞄一下，
我繼續往前走……咦！她不是今紅嗎？就是那位在婚姻與家
庭諮商課堂上，常常坐著悶聲不響的學生。我的視線餘光注
意到她的左邊眼部紅腫充血，心中躊躇了一下，我們彼此就
這樣錯身而過嗎？不，她好像發生了什麼事？

　　我馬上回過身問候她：「今紅，早！」

「老師早……」

「妳受傷了嗎？」我走近她。

「搬東西時不小心撞到貨物。」她不自然地把嘴巴勉強扭了一下，強作微笑。

「很痛吧！？做過什麼處理嗎？一定要找地方處理一下！」

我感覺到傷口的嚴重性，但是她很堅持地拒絕我，我哄著把她帶到健康中心（當時我兼任健康中心主任）做急救處理，並要求她早上九點過後再來給醫師做診斷和進一步治療。

之後，今紅偶然和我聊天，透露她目前的處境：在便利商店打工，做搬運工作，住在狹窄的通鋪宿舍，不和家人來往已經一年多，三餐常常只用麵包填飽肚子。我說難怪她有虛胖的樣子，她說：「不會喲！我長得壯，什麼都可以做，但不要有人管我……」她一年前和家人吵得很厲害，因為看不慣父親不負責任，在外面另有女人並養了孩子，偶爾回來就把家裡搞得天翻地覆，媽媽又太軟弱，她氣得與家裡切斷了聯繫。她憤怒的表達下，藏著深層的憂傷。

「不見就不痛喲！可是說出來就會氣……」我同理她。

今紅大哭了一場。

「妳願意在班上和同學們一起探索妳的家庭關係嗎？」

「不！」今紅拚命搖頭。

我接受她的拒絕，尊重她的決定，等待更適合的因緣到來。

十二月期中考過後，今紅改變心意，來到我辦公室，表示她想試試和班上同學一起對她的家庭進行工作。

那一天，她邀請了四位同學，分別擔任她的家人：媽媽，五十歲，目前在家做褓姆工作；父親五十四歲，目前無業，會酗酒；弟弟二十歲，在某科技大學唸大二；以及她自己。她的家庭圖如下頁（圖1）。

家庭圖可以幫助我們迅速看見這個家庭的脈絡。今紅的母親有五個兄弟姐妹，和她都是同母異父。外婆與一個男人生下今紅的母親，那男人就不知去向，外婆不得已只好選擇與退役榮民結婚。

我問今紅：「妳對媽媽的這段生命故事有什麼感覺或想法嗎？」

今紅：「沒什麼！」

我：「妳會怎麼樣了解這個事件呢？」

今紅：「我媽媽結婚比較晚，就是因為要照顧這麼多弟弟妹妹，可是繼父又不喜歡她。」今紅的口氣中，透露出對媽媽的心疼。

我：「所以妳媽媽的生命從一開始就有很多的磨練，她要拚命付出，來獲得自己是個好女孩的肯定。」

今紅：「是的。」

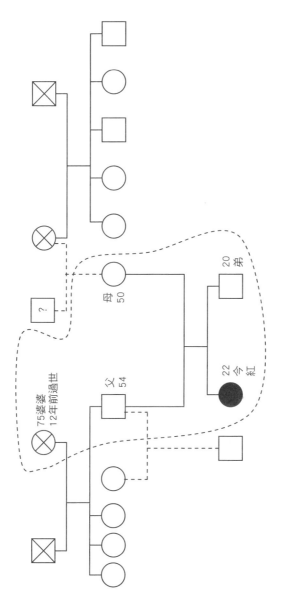

圖1 今紅的家庭圖

我：「她的媽媽對她怎麼樣？」

今紅：「外婆對她也不好。」

我：「我有個直覺可以和妳分享嗎？」

今紅：「可以。」

我：「我猜想妳媽媽需要表現得特別好，因為一生下來就要接受這麼多挑戰。她很堅忍地活著，心中一直渴望獲得繼父的肯定和媽媽的憐惜，可是很不幸地一直沒有得到真正的滿足，她感覺自己的生命有缺口。這一生她很賣力地、具足勇氣地、很認真地活着，她盼望自己有一天組織家庭的時候，在婚姻關係上能夠找到真正疼惜她的人來彌補缺口。然而她運氣不好，再一次受挫，可是她好堅強，還繼續走下去……她內心體嘗了人類長遠以來的深層憂傷——渴望被疼惜，渴望有人認定。她的生命是可以的、她是個好女孩，這種需求是人人都在追尋的。」

我一口氣說了這麼一大段的話，想接觸她生活的時空，和她母親生活的時空，好讓她的能量流動。說話時，今紅從含淚到抽泣，到嚎啕大哭，許多同學都走過去圍繞著她，把手搭在她的肩上支持她。母親的失落和尋找，不僅是今紅認同的，也是許多同學認同的人類內心的深層憂傷，在產生共鳴之後，是不是也增加一份認識自己、包容自己、提昇自己的動力呢？

今紅的父親是么兒也是獨生子，有三個姊姊，在當時重

視香火傳承的鄉村社會，祖母連續生了三個女兒，心中想必有相當的焦慮吧，終於么兒誕生了，不久她的丈夫卻過世。她溺愛么兒，也可以說是控制這個么兒，因為她認為這輩子就要靠他（今紅的父親）活下去。

今紅的父母結婚時，雙方長輩都不同意，他們經過一番抗爭才建立家庭。祖母理所當然與爸爸同住，直到今紅十歲時，祖母才過世。今紅的記憶裡，祖母並不喜歡這個強勢的媳婦，她要求兒子和媳婦的房門不可以關上，時常盯着媳婦的進出和舉止。為了這一點，兩個女人之間時常爭吵衝突，而父親就逃之夭夭，留下兩個女人爭鬥。

我：「今紅，這種時候，妳有什麼感覺？」

今紅：「我很討厭祖母，因為她很囉嗦、碎碎唸，讓家裡氣氛很不好。我希望爸爸在，他應該來保護媽媽，不是我一個人來保護媽媽。」

我：「妳覺得孤單，只有妳來代替爸爸照顧媽媽，是誰教妳的呢？」

今紅：「媽媽會把爸爸做的所有事都跟我講，她邊講邊哭……」

我：「妳對母親的哭訴有什麼感覺？」

今紅：「我會跟著氣爸爸，也氣媽媽，他們為什麼不自己管好自己？」

我：「我聽到妳對爸爸媽媽很失望。」

今紅：「嗯。」（沉默）

我：「媽媽講爸爸的事給妳聽，她對妳有什麼期待嗎？」

今紅：「我不知道，可是我聽了，就想我應該為她做些什麼呀！」

我：「我聽到妳和媽媽的親近，妳會呼吸到媽媽內心的苦。」

今紅：「我覺得害怕，害怕失去他們，但是我為他們做再多的事，都沒有解決他們的問題，我覺得好無力。」

我：「是，妳講這些話，就好像妳媽媽年輕的時候努力照顧弟妹，做得再好也沒有得到媽媽和繼父的認定；妳和媽媽早年的感覺好像喲！」

今紅沉默了一會兒，「我看到媽媽現在也是這樣。」

我：「妳現在說的，我想了解多一些。」

今紅：「媽媽好像一輩子都在找尋認定，爸爸又外遇……」

我：「妳現在感覺到什麼嗎？」

今紅：「我覺得好可憐。」

我：「從妳的話裡，我聽到妳對媽媽充滿同情和認同。」同時我也聽到了，今紅的「個我」與媽媽有相當的混淆。她無形中把媽媽的痛苦背負到了自己的身上。

隨著今紅敘述的家庭史，我鼓勵她把心中的家庭關係用

雕塑呈現。我邀請她把教室當做家裡的空間，她會如何呈現家人彼此之間的位置呢？

　　她很認真地慢慢請媽媽站在屋裡偏底邊，臉孔看著入門處；爸爸站在門外，臉孔朝著媽媽看；今紅的替身站在媽媽半臂距離的斜對面，看著媽媽；弟弟站在今紅的背後，眼神不斷地看一下門外的父親，又回頭看一下母親……（如圖2）。

圖2　今紅的家庭雕塑圖

　　我好幾次請今紅離開教室中央，做遠距離的觀察，看眼前的雕塑圖和她心中的感受是否呼應；若不一致，她會自動進來調整距離和動作，我被她的專注和投入感動。直到確認眼前的圖像之後，我請她到旁邊坐下來做觀眾。

雕塑中的家人代表，說出了他們心中想對今紅說的話。

弟弟先開口：「姊姊，我一直很聽妳的話。妳離開家裡之後，剩下我一個人，我很希望妳回來。」

媽媽頭低下來，在啜泣中說：「阿紅，妳會這樣做是我不好，這都是我的責任，我對不起妳……」

站在門外的爸爸一直沒有做聲，觀眾席中有個男生走到他的背後，喃喃自語：「我好孤單。」

我走近今紅身邊，邀請她進來，站在她自己的替身位置感受一下，並問她最想和哪一位家人說話。三秒鐘後，她表示要和父親說話，她走向他，卻在距離一公尺之處站住，我問她可否靠近爸爸一點，她拒絕了。我鼓勵她把視線抬起來看看爸爸，並向爸爸說：「爸爸不在家的時候，妳看到家裡怎麼樣？」

今紅不理會我的提示語，衝口就對爸爸說：「你為什麼在外面另組家庭？你為什麼在家才幾天，說走就走？」她還想再講下去，我止住她，並請媽媽過來站在爸爸身邊。我介入站在今紅面前，牽著她的雙手，請她閉上眼睛，引導她深呼吸三次。

「今紅，妳剛剛向爸爸問的話，好像家裡有誰也說同樣的話嗎？」

「媽媽。」

「咦，怎麼妳和媽媽變成同一個人了？會不會妳錯認自己的位置了呢？妳是爸爸的女兒，不是爸爸的妻子。我聽到妳對爸爸說話時很生氣，這些生氣有幾分是屬於媽媽的？有幾分是屬於妳自己的？假如生氣一共有十分的話，妳會怎麼分配？」

今紅思索了一會兒：「八分是媽媽的生氣，兩分是我的。」

「那麼，妳允許那八分從妳身上放下嗎？」

今紅點點頭，表示同意。

我說：「今紅，我有個要求，但不強迫妳接受。這是我此時此境的感應，我聽到妳對媽媽的親近，和對媽媽的同情。請妳看著媽媽的眼睛，向媽媽做一個深深的鞠躬，心中默想：感謝她辛苦生下妳，然後緩緩向後面退八步，每退一步，心裡都默想著：『媽媽妳的生氣我了解，但是，我要與媽媽的心理分開，媽媽的情緒是媽媽的，我的是我的，我只負責我自己的情緒。』每退一步都反覆在心中這樣說，這個過程請妳慢慢地走。妳想不想走這個過程？」

今紅點頭。當她向媽媽深深一鞠躬時，熱淚滿眶，不少同學都一起掉下淚來。

「現在，今紅妳知道妳就是妳自己，妳不是妳媽媽，妳明白嗎？媽媽的苦，妳要了解她、關心她，但是妳不能替她擔待，是不是？」

今紅拚命點頭。

「現在，妳看著爸爸，告訴他：『爸爸，你在家的時候，我們需要你更親近我們、注意我們。』」

今紅說過之後，我問她感覺如何？

「我覺得很清楚，我覺得放下了。老師，謝謝！」

今紅當晚就打電話回家，這是她離開家後第一次與媽媽講話。我問今紅，需不需要請全家人來學校，做一次家庭懇談會？今紅表示很想試試看。

學期結束，放寒假了。今紅的家人坐在我的工作室，父親缺席（家庭成員座位圖如圖3）。

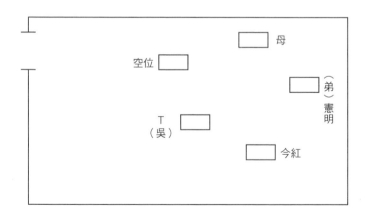

圖3　今紅的家人座位圖

彼此介紹寒暄之後，我問道：「一家人中就是爸爸沒來，我想聽聽弟弟（憲明）說為什麼爸爸沒來？」

弟弟：「不知道，我很久沒看到他回家了。」

我　：「他沒回家，你會有什麼感覺嗎？」

弟弟：「沒什麼，習慣了。」

我　：「你是說爸爸不在家，只有你和媽媽和今紅，這樣感覺如何？」

弟弟：「也可以。」

我　：「也可以的意思，讓我多了解好嗎？」

今紅突然插嘴，衝著母親說：「媽，妳為什麼不和爸爸辦離婚？」

媽媽有些措手不及，瞪著今紅看。

今紅：「妳每次都說，就是為了我們還小。現在我們都大了，我們覺得有這樣的父親不如不要，把我們家弄得一團亂，不如不要……妳明明知道他外面有女人，每次他回來跟妳要錢，妳還是給他，為什麼？為什麼？妳究竟在等什麼？」

母親含淚不語。

我問：「今紅，妳表達的時候，都用『我們』兩個字，是指妳和誰？」

今紅看著弟弟。我問：「憲明的意思和今紅一樣嗎？她是你的代言人嗎？」

弟弟：「我同意姊姊的說法，可是我……」

今紅：「你不要可是啦！你同情爸爸是不是，你有沒有同情媽媽這麼辛苦，年紀這麼大，還幫人家看小孩？其實，我們都可以照顧自己了，媽媽也不必做那麼多。和爸爸辦離婚之後，他就不可以再來我們家，媽也不必再受罪……」

我建議來個假想性的談話，假如爸媽真的離婚，母親的生活會怎麼樣？家庭的發展到這個階段，今紅和憲明都是處於發展自己生涯的階段，母親的社會支持系統呢？母親自己如何想像她的生活？

當天的懇談，充分顯現家庭新生的力量。我肯定今紅和憲明對媽媽的關愛，對於要如何面對爸爸另有家庭這個事實，三人也互相交換看法。母親則表示想和我進行個別會談。

母親素珍，五十歲，身材嬌小，看起來比實際還年輕。她敘述自己的一生苦難連連，只有與丈夫（達雄）相戀的一年有甜蜜的幸福感，但之後常為婆婆、金錢、女人等事件互相吵架、毆打；尤其丈夫近十年來失業酗酒，外面另有女人又生下小孩，令她痛不欲生，心中的不平一直翻騰著，並想要將丈夫與女人來往的情書、對話、性遊戲的細節一一講給我聽。

我打斷她。「妳向我敘說氣與苦的同時，妳期待和我在這裡要為妳自己做些什麼？」

「我想不要受他的影響。」

我馬上複述：「我聽到妳想為自己生命的好而努力。」

她抿著嘴，直視著我，表示肯定和堅決。

我：「恭喜妳，妳為自己下了這樣的決心，這個決心太棒了。妳感覺到什麼事情阻礙著妳呢？」

這時她又敘述起達雄和小三之間的互動來往，如何欺騙她的錢，如何瞞著她……我再次介入：「這麼多年來，妳和丈夫爭吵之後，如何和好呢？」我直接問：「你們之間現在的性生活如何？」

素珍認為每次爭吵／打架之後，達雄的甜言蜜語、賠不是、對不起……這些言語和行動常常令她回心轉意，而且到目前仍然和達雄有令她滿意的性關係。

我表示她與達雄的關係一直有令她滿足的部分，但是為了有這份滿足，她所付出的代價值得嗎？她的自我價值感如何？我的話語好像沒有與她連接。

素珍又敘述幾次暴力事件中，驚動消防車、救護車，以及她如何受到威脅驚嚇等過程。我再次打斷她：「是什麼力量支持妳走過這二十多年的生活呢？」

素珍嘆了一口氣：「唉！孩子還小，就希望他們能念好的學校，有成就……」

她對目前兩個小孩的狀態都很肯定，我也讚賞她的努力成果。對於女兒建議她離婚，素珍的真正想法是什麼？

離婚之途她絕不考慮，她只希望不再受達雄的挑釁，當

他提到第三者時能不受困擾。對於自己會用惡劣的言語激怒達雄，素珍頗有自覺，如果她不受影響，就會有個較安寧的世界。這兩年達雄診斷出有肺癌，素珍想要盡力照顧他，她相信因緣有命，好聚好散，今生善了，來生不要再做夫妻。目前他們所住的透天厝是達雄的祖產，守著婚姻是為了自己生命之好，她要繼續努力下去。

聽到素珍的選擇和努力，我不禁要肯定她的堅忍。之後我們討論她和達雄的互動，一言一語的往來和她的感受，並演練她要如何做出更適切的言行反應。角色扮演練習之後，她會回應我的哪些說法不適用於她的情況環境，希望如何修正等等。我從她的想法與做法中，學習到人生的選擇是有很多可能性的，治療師要保持開放，不可以將自己的價值觀強加到案主身上。

今紅畢業典禮那天，全家人包括父親都來參加，我們一起照了相。看到她與家人和解，看到他們一家人努力維繫家庭的心意，讓我由衷表達讚美和肯定。

藉由這個案例的呈現，希望讓大家看到：治療師和今紅在團體中一起工作，並呈現今紅的家庭圖，此時今紅本人和整個團體都會進入今紅成長的家庭歷史脈絡，團體裡的成員們也會在內心有意無意地浮現自己的家庭歷史回憶。在治療師的邀請下，團體中熱好身的成員會自發地想扮演今紅的家

人角色,並開始投入家庭成員間的互動。治療師不急著邀請今紅本人進入雕塑中的互動過程,以便讓她有機會客觀地觀看別人如何演出自己的故事。眼前的家庭雕塑所顯現的訊息和氛圍,是否打動她的心?她是否對這個團體的時空感到信任和安全?她感受到大家共同探索家庭互動的脈絡,全體成員(包括今紅本人)對今紅所處的「人、時、空」情境(人際關係、時間環境、空間條件)也有了整體性的感受和了解。一旦案主與人、時、空連接上時,**個我的存在感**會有越來越清晰和**肯定的感覺(Yes Feeling)**。治療師的工作,就是幫助案主了解和發生「肯定感」,讓他們願意離開停滯不前的狀態,放下憤怒和苦楚,轉向未來,重組自己的生活。

治療師越能**專注於案主的人**而不是事件而已,工作起來越能生效;這份專注沒有情緒、感性、理性的分別,專注就是專注,凝視案主的生命,真正對案主感到興趣,切記興趣是無法假裝的。透過**發問**,讓自己去理解並靠近對方。與人**連結**是成為一個人很重要的功課。當治療師感覺到能夠和案主的生活、故事,和過去的、感情的、人時空的環境……等等產生連結的時候,就有可能**移動案主**,從這一刻流動到下一刻。這時「我和你」的關係裡就存在著 yes feeling 的成分,兩人在一起探索,對案主的生命充滿好奇和興趣。這種關係會帶動案主,他/她也會覺得自己是完整存在的,並**發現**自己有新的可能性。

　　家族治療師的心胸和眼光，可以幫助案主重新看見自己的家庭、欣賞自己的家庭，並且轉化家庭系統。運用優勢克服弱點，找到意義的歸屬。這是我對助人工作的重要信念。

　　然而，有些案主會迴避問題，當他們不斷陷入重覆、在原點或枝微末節上打轉時，我會嘗試介入，透過發問切入重點，希望幫助當事人不逃避自己，直接碰觸更真實的自我。

　　例如，有一對夫妻前來會談，因為先生召妓，讓太太很受傷，而先生在意太太的受傷，才主動安排這次會談。但兩人一旦要進入這個話題，難免有害怕和擔心。先生會拐彎抹角打哈哈，太太則用逞強的姿態回應，兩人不斷在外圍繞圈子，無法談論彼此的真正感受。這也許就是他們夫妻習慣性的互動模式。我了解且接受這樣的抗拒，幾次之後，我就直接問先生：「你知不知道這件事情對你的太太有什麼影響？」

　　先生終於表達：「我知道我太太最在意的是我背叛她，我對那女人產生了感情，又給她錢。」

　　我回頭問太太：「妳聽到先生這麼說，妳覺得他了解妳的感受有幾分？」

　　她再次迴避問話，習慣性地不斷批判先生，計較他給那女人多少錢，同時批判那個女人只是想搏取先生的同情

心⋯⋯我猜想她的自尊心受到極度威脅，因此緩緩地說：
「我想，如果我是妳，我的心是很痛的。我會懷疑，他是不
是不愛我了？我們還可以一起生活下去嗎？我做錯什麼嗎？
我們二十幾年來共同經營的婚姻是真的嗎？我就要從此放棄
了嗎？」

　　她聽到這裡，掩面哭泣起來。這時好像連結到她自己的
心、接觸到真實的自己，往後的會談互動開始有了意義，夫
妻之間談到這一路來，彼此心中隱藏的、感謝的和不滿的情
緒終於揭開。我也發現這一對夫妻有很深厚的情感基礎，在
太太心目中，先生顧家、體貼；在先生眼中，太太寬宏大
量，是個好媽媽，讓三個兒女健康長大。看來，他們過去的
時光中擁有一張共同合作達成目標的婚姻成績單。那麼丈夫
的出軌，是不是夫妻合作關係的目標模糊了？或是夫妻互動
的模式固著化而發出訊號，想尋找新的方式？還是反映生命
進階尋找自我的歷程？還是⋯⋯無論哪一種動力的牽動，夫
妻願意一起來做諮商，表示雙方願意開放坦誠地了解彼此，
重新調整婚姻的契約，共同邁向新階段，這是婚姻諮商常見
的主題。

63

第四章　治療過程是屬於家庭的
——成媚、泰益和美玉的故事

> 改變是可能的，就算外在的改變有限，內在的
> 改變還是可能的。
> 我面對成媚的時候，專注地觀察，不停留在外
> 貌和外相，如何穿越表相，看到「希望感」和
> 「資源感」……

　　治療過程不是屬於治療師的，而是屬於家庭的，屬於夫
妻的。

成媚的故事

　　成媚，六十四歲，一名經營事業有成的女性，經轉案來
看我。她一坐下來，先陳述自己的賺錢能力和工作成就，這
是有能力的求助者常見的現象，因為擔心被治療師看輕，而
努力想要維護面子和自尊。終於，她談到了這次會晤的主

題：「我要離婚，他卻不出面解決。」我聽她、看她，在她的強勢作風外表下，感受到她的憤怒、高姿態、指責型的語氣。我們之間逐漸進入「女人－女人」的面對面關係（face to face relationship），我聽到她對婚姻的憧憬和失落，對未來孤單寂寞歲月的恐懼與擔心。她不甘心在一生的努力奮鬥之後，正想要退休享受生活，竟要面臨婚姻破滅的局面。

「我的男人已經兩年不回家！」

「他的身邊有別的女人！」

「他和小三之間臨睡前的輕言細語，竟然從房裡的手機中傳送過來！」

我感受到她的處境，雖然外表強悍，內心卻充滿憤怒、羞辱、愧疚、自責。我提出邀請：「我還不敢確定可以和妳做些什麼，會對妳有好處。明天妳邀請先生和四個兒女（一男三女，都已成家，她說他們都對父母十分關心，而且深受困擾）一起出席，全家人坐下來談如何？」

「不可能，他不會來！」她即刻拒絕。

次日中午，她來電確定先生不肯出席，我決定取消家庭懇談會。她又說大女兒已經特地搭高鐵北上，她不知道怎麼辦好。我反問她，想要為自己做什麼嗎？

　　我心想成媚是位自信堅強的女性，對於家族治療是什麼？會有什麼好處？要驚動一家人嗎？讓陌生人與家人相見有什麼風險？會遭批評教訓嗎？這一連串的困惑讓她很想找理由不要進行家庭懇談會。但心底深處又抱著一線希望，或許對自己是個轉機！？再加上大女兒的催促，於是她接受了。

　　當天下午六點三十分，全家六人在等候室出現。

　　他們的眼神都出現迷惑、不安和距離感，但我卻感受到成媚的家庭系統具有相當的凝聚力。為什麼？正是因為眼前的場面：他們都已是成年人，卻能全體出席媽媽邀約的會談，表示這位媽媽在家庭系統有相當的力量，她的兒女們對原生家庭頗為重視。

　　等全家人坐定後，我和助教小姐才找位置坐下來。

　　我：「謝謝你們一家人決定來此相會。我猜想這是不容易的決定，除了各自克服了距離趕過來之外，肯接受我這個陌生人來加入你們的家，來談家人關心的事，真的很不容易。我們會有一個半小時的時間，請哪一位表達一下，現在你想關心家人的什麼事？」

　　大女兒率先發言：「我爸媽已經好久沒住在一起。我們都可以養活媽和爸的，可是媽媽說來說去都是爸的事。我自己剛剛才走過離婚，我的苦惱也很多……」

　　二女兒打斷話題：「我希望爸爸回到家來，不要住在外面。」

我從一家人的入座，感受這個退休期的家庭結構，仍然系統界限分明，父母系統、親子系統、手足系統長幼有序（如圖1）。

父親的位置疏離、孤立，我心想是父親不願回家？還是母親趕他出去？其實，現在這個想法一點都不重要，因為夫妻已經分居兩年多了。但是眼前兩人仍然不離不棄地在同一邊相鄰而坐，兒女四人依序排列。

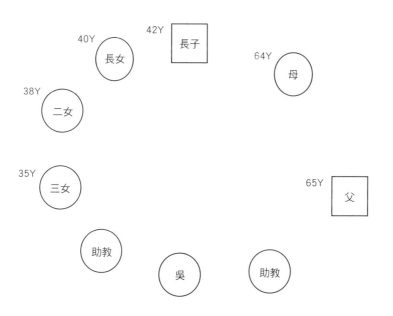

圖1　成媚一家人的座位圖

　　我詢問這一家人：「兒女各自成家之後，這三、四年來，你們家人彼此的關係如何？請你們用非口語的方式呈現出來，讓大家感受一下好嗎？」

　　我先邀請兩位助教用一分鐘時間示範，什麼叫做非口語的方式呈現關係。二女兒說她讀過薩提爾的書，率先表示願意做排列。然而父親不肯站起來，只是看著一切的發生，因此二女兒順著父親的座位，將其他人的位置排列出來。

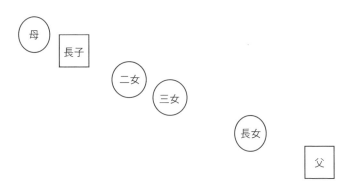

圖2　二女兒排列家庭關係圖

　　看到這個斜一字形的排列，我立刻聯想到這個家庭的運作，在權力、照顧、關心、連結等面向，夫妻關係完全被父母親職的角色功能所取代，亦即以養育子女、家計生存為優先；而且，長女親近父親，長子則親近母親。這原本是一個

邁入退休期的家庭，但是系統卻停滯在養育青少年期的家庭關係。可能在孩子的青少年階段曾經發生什麼事件，讓家庭生命發展的動能卡住了？這留待以後有適當的脈絡出現時再加以探討。當前的工作重點是如何還原夫妻關係。

我走到父親的身後，做替身發聲：「我現在看不到太太在哪裡？兒女一個個都成家離開了。孩子的媽，我不知道怎麼樣和妳相處，妳是我的女人嗎？我受不了妳的囉唆，妳不要我，我就離開這個家吧！」

在我說完之後，現場一片寂靜。

我緩步移動到母親身後，又做替身發聲：「現在我也看不到我的丈夫。我全心全力盼著這四個孩子長大成人，拚命做小生意，增加家庭收入。現在你們都長大了，我想要和爸爸一起過好日子，可是現在我站在這裡，看不到你們的爸。我一直很認真用心，我有做錯什麼嗎？是不是我們夫妻之間變得陌生了？」

我建議維持這個關係圖的位置，邀請四個兒女參考我剛剛說的兩段話，依序輪流站在父親的身後一會兒，再到母親的身後站一會兒，一位試過之後，再換第二位，越慢越好，等到心中有所體會了才離開（見圖3）。我希望大家感受一下這兩位父母親要如何跨越生命到下一個階段，如何面對角色的轉換，調適那種既做父母職也要做夫妻職的心情。

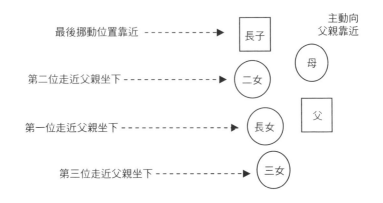

圖3　兒女靠近父親的順序圖

　　大家重新坐下時，彼此的眼神相互接觸。母親顯得如釋重負的樣子，並用家常的語氣向孩子們說明，自己是如何善意地對待丈夫。「我看他褲子破了，買新的給他，他都不拿去穿。我重新裝修了家裡，他的房間我也買了新的傢俱……」

　　我輕輕地碰觸一下她的手，止住她原想繼續說下去的話，並邀請她向丈夫旁邊坐得靠近點，眼睛看著丈夫說：「我希望你回來家裡住……」

　　丈夫的臉上有細微抽動，面露苦色，蹺著的二郎腿靠得更緊，沉默不語，身體姿勢維持四十五度地偏向另一邊。

　　我感覺到在他們過去的家庭互動中，可能有什麼事情發生，而斷裂了這對夫妻的關係。但是這個家庭的親子系統是

重要資源，溫馨且有力量，所以我邀請長女坐到父親面前。她迫不及待地問爸爸哪裡不舒服，父親向女兒訴苦說腳會抽筋，後來另三位孩子也加入，最後母親也加入，家人互相關心的親情自然流露其間。或許父親習慣與長女親近，疏離了自己的配偶；長女的離婚會不會成為這個晚年期家庭的新三角關係呢？我不知道。但是目前看來，這份父女關係的資源性遠大於破壞性。

我注意到長子坐在一旁沉默觀察，始終沒有和父親交談。我問他想和誰說話嗎？他欲言又止，母親出面代言，說明長子與父親向來就沒話說。我與長子核對是否如此？他點頭。我詢問其他家人對大哥的狀態有何了解，要如何讓這對父子拉近距離？然而因為這次會談時間的限制，大家共同決定願意進行第二次的家庭懇談會。全家人帶著溫情與我們道別，母親走出門外後，又轉過身來抱住我，雙眼含淚說：「我一定會努力的。」我想成媚的自由意志，會自發地向我表達她的意願；是不是她的感性和理性，此刻處在平衡的飽滿狀態，而發送力量給我？

成年的子女和父母之間重溫彼此塵封良久的親情，這份流露的情感會刺激和催化舊有的家庭系統發生蛻變，每個家庭成員也會有創意地更新自己的角色行為，共同邁向新的階段。

那個晚上，由三女兒請客，四個成年子女都沒有攜伴，全家六個人的快樂相聚，是送給爸爸媽媽很有力量的祝福。

接受父母也是人，
而不是只以他們的角色來看待！

　　坐在我面前的是一組了不起的家人：泰益和美玉年輕時從南部鄉下來到大城市求生存，一邊擺地攤，一邊養育三個乖巧的女兒；女兒們學校下課後都會立刻回家，主動幫忙父母做生意、分擔家事。全家人同心齊力，從地攤逐步發展為公司規模，女兒們也都完成大專以上學業。由家庭生命的身心靈健康向度來看（參見圖4），我由衷地稱讚這個家庭的凝聚力。我眼前浮現一個畫面，就像他們全家共騎一部協力車，朝向共同目標拚命地向前踩。

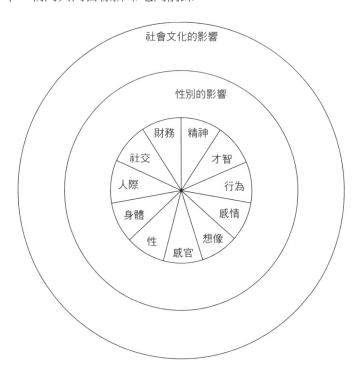

圖4　家庭生命身心靈健康輪橫面圖（Thomas, M. 1992）

　　我的這個稱讚讓這一家人從茫然和疏離的臉孔，轉變為眼神流露出溫暖。之後我邀請每位女兒談一談，她們所看到的爸爸媽媽有什麼相似的地方？又有什麼各自獨特的地方？老大、老二已經結婚成家，唯么女有不同的想法，但她們都很感恩父母兩人曾經互補合作，共同領導這個家，這是家人的最佳回憶。

　　目前這個家庭遇到的問題是：父親泰益七十歲了，仍然身體健康而充滿活力，活躍於性愛活動，喜歡與聲色場所的女性交往。他具有少年原型傾向，對世俗人生的憧憬蠢蠢欲動；相反地，母親美玉一心念佛，追尋寧靜與靈修，有著老人原型的傾向，尋找秩序、結構與權威。她雖不強求泰益要一起進出佛堂，卻無論如何都不能忍受第三者的侵入。在他們同意下，我放掉協力車的意象，面對當下的家庭關係。從這一家人的互動和言談中，我提議呈現另一幅心中映現的圖像跟大家分享，並邀請大家參與。我想呈現的雕塑圖如下頁（見圖5）。

　　此時，我請父母擔任觀眾，坐著不動，女兒們和助教則都站起來參與，分別站在門裡和門外之間。圖畫中的箭號表示拉力的方向，雙向拉力發生的同時，家人們反覆地大聲向爸爸說話：

　　「爸爸，我希望回娘家時，你的孫子們有『阿公』、『阿嬤』可以叫。」

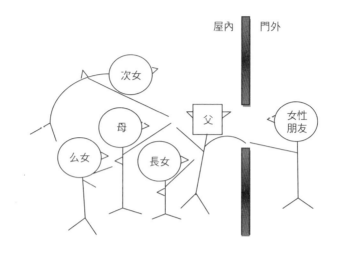

屋內　門外

次女

母

么女　　長女

父

女性朋友

圖5　泰益和美玉一家人的雕塑圖

「爸爸，我希望我出嫁時，不要讓公公、婆婆看不起我們家！」

「爸爸，不要和媽媽吵架！」

泰益和美玉面對這一幕畫面進行約十餘秒鐘之後，自發地起身去解放這個雕塑。然後，全家人坐下來，相互說出內心的感受和期待。

么女：「每次爸爸、媽媽吵起來，媽媽會痛哭著說：『我死給你看好啦！』又猛喝烈酒，我很害怕媽媽真的……（么女邊說話邊抽泣著。）我不放心，我想要取消婚約……」

長女打斷妹妹的話，搶著向爸爸說：「爸，你不要讓媽媽生這麼大的氣嘛！」

父：「我不是都在家裡嗎？我沒有要離開家呀。」

母親怒目直視著他，女兒們又七嘴八舌先後加入。

我：「請大家安靜一下，聽聽我的發現好嗎？（一家子終於安靜下來。）我看到你們夫妻兩位對婚姻都感覺很無力了，但是我也看到一家人用力踩著協力車，都希望爸爸、媽媽快樂一點，少一些痛苦。如果爸爸、媽媽願意學習一些新的相處方式，我看到有很多的可能性。」

女兒們一致表示父母的健康最重要，並尊重父親的活力和母親需求的差異，但希望爸爸能夠多多體諒媽媽，期盼兩人能和諧共度晚年。父親一再回應說，小女兒可以放心出嫁，追求她自己的幸福。

我建議為了老三要出嫁這椿喜事，父母先停火不要爭吵，等婚事辦完後，父母兩人可以一起來做會談。美玉和泰益表示同意。

過年後，工作室裡有些春暖還寒之意。我邀請這對夫婦前來，美玉率先提出，泰益每次要去尋歡作樂，都要吃威而鋼，而且總是把一大包藥丸放在冰箱裡，好像故意要讓美玉看到，這一點讓她非常受不了。

夫：「現在什麼時代了？！大家都很open啦，她還這麼

頑固，不懂得變通……」

我正想了解泰益所謂的open，是要美玉如何做？然而美玉已生氣發飆：「我有那一點對不起你？你早餐想要吃鹹稀飯，我就早起煮給你吃，三餐都依你的意思，你要吃什麼我就做什麼，你吃飽飽卻去外面風流，真不要臉！」

我：「美玉，我聽到妳心中生氣和不平的感覺。妳知道泰益希望妳open一些，是什麼意思嗎？」

美玉不理會我的問話搶著說：「他不要去做不要臉的事就好了。」

我轉過來問泰益：「你看得到美玉在痛苦，你可以回應她嗎？」

夫：「我又沒有怎樣，我天天都有回家呀。」

我核對泰益的意思，是不是無法做到美玉所要求的「不要去找女人玩」。泰益認為他並沒有和固定的女性在一起，都只是逢場作戲，是美玉把事情看得太嚴重。而且，每次她生氣就喝烈酒，並嘔吐到他身上，他都默默清理乾淨，也沒有打她、罵她（我隱約地從泰益的敘述感受到這對夫妻之間的情意還在）。

我轉向美玉說：「他清理被單和照顧妳，妳覺得怎樣？」

美玉：「我喝醉了，哪知道他做了什麼。」

我：「我看到你們彼此相互體諒，是很美麗的。我可以問兩位一些私密的問題嗎？如果不願意回答也沒關係。你們

最後一次做愛是什麼時候？」

美玉低下頭說，那是好幾年前的事了，不願多談，泰益卻是蠢蠢欲動的樣子。

我：「是不是兩位做愛的時候發生什麼障礙？」

美玉表示，自從她子宮手術後，對性就慢慢失去興趣。這時她堅定地拒絕再談有關性愛的話題，而是冷靜地轉換話題，提出房子應該過戶到她的名下。

我試圖將話題拉回性愛關係，但連泰益也轉移話題，為房子的事情申辯，可見這個問題他們之前已經討論過。

泰益：「房子是我賺的，為什麼要歸妳的名字？」

美玉：「我也有賺呀，我這輩子全心為這個家，要顧店又要顧三個小孩，整天顧前顧後，家裡哪一樣事情不是我處理？」

美玉強調，房子過戶到她的名下，對她的意義是增加安全感，並不是要離婚。她反問泰益，她這一生除了這個家，還有第二個家嗎？這個家就是她的全部。

兩方又繼續爭執了一陣子，但是語氣逐漸緩和，而且帶有暖意。

諮商到了最後，我肯定兩人為這個家所做的付出，也可以理解雙方的痛苦。美玉和泰益講的都有道理，兩人從年輕時代就同心協力，從擺地攤辛苦做起，終於發展到今天的成就，擁有一棟透天厝和舒適生活，這是兩人四十多年共同

打拚出來的人生成績單。在我聽來，這是九十分以上的美好成績，需要兩人相互珍惜；尤其進入退休階段，如何從這張漂亮的成績單中發現新的可能性，這需要兩人繼續共同努力完成。

我也請泰益理解，他的生活方式令美玉感到生氣、不公平，換作另一個女人也會有一樣的感受。美玉提出財產分半的意見，以讓她在心理上有安全感，這是值得繼續談下去的。我試問他們有沒有共同信任的第三者，兩人提到美玉的哥哥、也是泰益的小學同學明順，當年他們一起離開家鄉來台北打拚，兩家有一定程度的信任和了解，或許可以邀請他做為兩人之間的調解者。

這次會談算是達到某種共識。我請雙方回去想一想，如果有其他主題想繼續會談，可以再聯絡我。我深切地祝福他們。

第二部

接觸、一致、實踐

因為我擁有我自己的一切，

我可以和自己成為親密熟悉的朋友。

這樣我可以愛自己，

並且能夠和我的每一部分友善相處。

那麼，當我發生心靈困頓的時候，接觸我的中心

點，走出與己、與他、與環境融合的方向來。

第五章　與人一起改變的藝術工作
——貴美的故事

人們通常不認為自己有價值。

我覺得，除非他們開始感到自己有價值，

否則不可能發生任何改變。

這時身為治療師的我，

就成了一個人接觸自己價值感的首要途徑。

我和家庭相遇，就從這裡開始。

——維琴尼亞·薩提爾

貴美的故事

　　助人工作往往需要治療師自己的心能夠與對方的心相遇，在心的接觸下一起工作。這樣的面貌並不是一成不變的，有時候因人、時空因素的交錯，雙方的心就是沒能相遇。之所以覺得我是在做「沙灘上的療癒者」，就是想傳達有各種不同的可能性吧。

中元普渡將近時，一位七十餘歲的董事長夫人貴美來電話，想與我見面談談。她說：她的先生在外面另築香閨多年，她需要守著一棟空虛的豪宅嗎？只有講外語的外傭陪伴她，幸好她有很大的家族，親戚之間社會互動很多，言下之意她不是孤寂的老人。她進門口第一句話就是：「我要不要離婚？我不想莫名其妙繼續供奉他家的祖先牌位一直到老……」

我說：「我聽到妳對丈夫很生氣呵！」

這位貴婦習慣於聽不到對方說什麼話，自己會不斷滔滔不絕地說下去。說來說去盡是敘述她畢生辛苦賣力攢錢，得意自己的眼光精準，好幾筆土地和房屋買賣都賺了大錢，比她那位董事長先生賺得更多，兒女則各個都是名校畢業……但她卻在言談中偶爾加上反問句：「我這麼用心、用力顧這個家，對他我有什麼不對？他從來就不尊重我，不問候我一句關心的話。大家族的親戚們個個都佩服我，一直到現在，姊姊弟弟們有事情都要問過我的意見後才決定……」

我乘隙發問：「舉一個先生不尊重妳的例子，好嗎？」

她答：「今天讓我先講一個鐘頭給你聽，我弟弟最近要退出公司的事……」她有許多要從頭說起的事。

我打斷她，「妳生活得很有活力，有親戚們讚美妳、肯定妳。那麼妳來我這裡，真正關心妳自己的是什麼？」

我企圖把她的注意力轉到此時此境，與她自己的心接

觸，結果還是時機不到，她繼續說了一連串對先生的數落與抱怨。於是我堅定地放大一點聲音說：「我聽妳到這裡，妳可以聽聽我心中對妳有什麼想法嗎？」

她聽了，把眼鏡取下來，表情好像有些意外。

我說：「我聽妳的四十五年生命故事，我覺得滿公平的耶！先生不在身邊，但是妳有錢、有健康、有朋友，兒女又乖巧，且都完成高等教育，事業有成；一個孩子親近爸爸，另一個體貼媽媽。妳年紀已近七十多了，可以放下人間的路，走天上的路啦！」

她問：「什麼是天上的路？」我想，似乎抓住她的注意力了！

我答：「第一，經常感恩自己所擁有的，不要去看自己所沒有的。第二，在子女面前不要數落丈夫，因為他是孩子的父親，而你是孩子的母親；對孩子來說，父母都很重要。第三，感謝那位外遇的女性替妳照顧年邁的丈夫。」

這時，她的手機響起，她立刻忘記諮商的情境，熱切地跟理財專員討論起買賣股票的事。我內心感到很不被尊重，但同時我選擇不說出一致性的反應，沉默地在一旁，想看她放下手機的第一句話會什麼？

她說：「咦？妳剛剛說的天上的路是什麼？」果然這回她除了股票，也會關心自己吧！她邊說邊拿出皮包裡的一本全新筆記本（國高中用的A4筆記本），要求我再說一遍，並

且緩慢地記下來。

　　我的信念是，每個案主自動來到我們的面前，都是想要尋求心的安寧。但他們卻可能披著各種防衛的外衣，需要我們幫他們將虛張聲勢的外衣自動脫落，學習接觸真實的自我。我提醒自己，過程是屬於案主的，我要尊重他的速度和選擇。若我有不同的看法時，可以清楚地徵求他的同意，聽聽我不同的意見。陳述出來後，假如被排斥或不被理會，就自然放下，祝福他有下一個好機會到來。

　　兩人的關係，沒有信任感和改變的意願時，只會引起抗拒，阻礙一個人真誠的改變，此時的治療過程只不過是在餵食對方吧！

薩提爾與我

　　薩提爾的一生及其所做的家族治療，對我來說好比是「與人一起改變的藝術工作」，她的精神和態度，對我的人與我的專業工作都有著深遠的影響。那是什麼樣的影響？這要從我曾經有過的深刻感覺開始講起。

　　身為社會工作者，起初我曾覺得自己沒有能力幫助案主，像個騙子，覺得自己在騙人；我不喜歡自己，內心不斷地想要改變自己，想要追尋更真實的自己。**但是變成什麼樣的人，才是真實的自己呢**？我也說不清楚，只有模模糊糊的感覺而已。雖然我試著自我解釋：「這是學習的過程階

段。」心裡卻很清楚自己的能量正逐漸停滯、機械化、變得沒趣！

　　就在這樣的時候，我與薩提爾相遇了。看她工作給我很多啟示，從她展現的精神，好像讓我掌握到自己生命的鑰匙，我的能量重新流動，而且細細地體會能量「自他循環」之道。我發現如何與自己接近、如何與他人連結、如何與環境相處，持續朝向趨於一致性而努力，是我最嚮往的生命歷程。此時，「他人」與「生活」已成為我最佳的老師。人遇到了困難，而能對它尋找解答，是幸福的過程。薩提爾是啟發我最重要的人物之一。

薩提爾對與人接觸及協同合作的重視

　　家族治療實務包含四個面向：技術面向（如會談技巧等技術訓練）、教導面向（如治療師對家庭的看法、家庭動力的眼光和假設、如何教導家庭）、與人接觸面向（如人與人的連結、人性呈現在彼此面前而成為人類共同整體的過程）及協同合作面向（人與人雙方的協同合作）。

　　鮑文（Bowen）、海利（Haley）兩位家族治療大師較強調技術面及教導面，薩提爾除了前兩者之外，更強調與人接觸及協同合作。當治療師能夠發展與人接觸、協同合作的層面時，治療師的人格特質與案家的人性相遇，這種全相的互動將會生動而感人地延伸出案家的學習過程。

　　「與人接觸」是一個柔軟、滋潤、人性化的互動過程，是人本精神的具體實踐，以全人為本、全人精神的核心價值，可以包容各種學派而不排他，這是令人感動和受用之處。

　　什麼是接觸呢？這成為我的主要課題。我從呈現「一致性」的自己開始探尋。與人接觸的現象發生時，治療師和案主會有連結感，信任感和安全感增加，彼此是面對面的關係，而不是物化的角色互動。這種坦率誠懇的交流，在平日人際關係中是最脆弱的部分；但在治療的互動情境中，彼此會有默契，接受這種脆弱的存在。透過「投入」人與人的連結關係，而發生共振、共理、共鳴的經驗，建構「有意義」的互動關係。

　　布伯（M. Buber）在《我與你》（*I and thou*, 1958）一書中提到我與你（I-thou）、我與它（I-it）的關係：

　　我與你的關係是屬I-thou

　　人與人連結的關係；人與人分享的關係。

　　分享我與另一個人的存在，彼此在關係中表達自己，是人類愛的表現和共同體的連結。相較之下：

　　我與它的關係是I-it

　　分離的關係，漠視人的存在。我和它是工具的接觸、目

標的接觸、使用的接觸，我去使用它、經歷它、完成目標；或被使用、被經歷。現代社會生活匆匆，注重功利取向，講究效率以達成目標，結果導致人類的互動大部分是呈現我與它的接觸，幾乎占去人際關係的絕大部分。

「人類共同體」的感覺發生時，即是人的存在和時空「融為一體」的感覺，會超越人與人彼此的隔絕與孤獨。好比「佛陀捻花微笑」那一刻，傳遞出：我活著，我在這裡，這就是意義。平凡世界中包含著妙不可言的無形訊息。

接觸自己

我把「接觸自己」當做治療師的核心功課，同時也是成為一個「人」的重要課題，因此在訓練課程常常以它做為開場。有不少初入門的朋友覺得這太抽象，而有許多困惑和挫折，但依舊堅持走過來。我們一路共同經驗、體會和分享，相互支持和成長，彼此啟動源源循環不息的生命動力，這是十分值得感謝的動人歷程。

「接觸」是什麼？從「接觸自己」開始。接觸自己常常需要透過與**「他人」**的接觸，所以每日的生活就是最佳的練習場域。每當有困惑發生時，多半來自人際關係的苦惱和情緒，此時不妨給自己時間接觸**內在**的需求、渴望、希望、幻想、欲望、觀感、對話……等，與**外在**環境的資源、障礙、

機會、目標等等之間的覺察與整合，就是接觸。

當案主把內在感受表達出來時，才能真實地做自己；當對方說出真實的感覺時，我才能與他有所連結。助人者常習慣於處理案主的「**事件**」，卻忽略了人的連結，在這種習慣下，缺少人與人真實的接觸，助人者很容易耗竭（burn-out）。

「**感受**」**是接觸自己的途徑**，是了解自己的起始門，也是接觸別人的起始門。人需要關係和連結，連結會產生能量循環，不只是單向的流動。與自己接觸和與他人接觸同等重要，常常與自己親近，與人接觸的能力亦會增加；如果沒接觸到自己的脆弱，或害怕去接觸，就無法接觸到案主的脆弱。害怕接觸別人，擔心別人承受不住，其實是自己害怕，別人並沒有我們想像的脆弱。我常提到人的中心點（可參閱第一章與第七章），這與自我價值有關；當自我價值穩定時，會接近自己的中心點。這個中心點包括所有你看得到的、看不到的、接觸得到的、接觸不到的，都包括在一起。我有時接觸得到中心點，有時接觸不到中心點。我們常常要接觸自己飄忽不定的中心點，找到中心點的存在，以己身的全人去接觸對方的全人。

薩提爾與人接觸的態度和行為（含演練）

薩提爾認為與人接觸是治療有效的關鍵能力，是最基本也是最重要的開始。我觀察她發生與人接觸的態度與行為，

條列出幾個要點和演練的方法，這是為了學習者的方便而分類描述，切莫因此忽視整體的精神所在。

一、主動

薩提爾運用她的態度、身體和靈性，尋找如何與人連結。她會運用雙手、眼神、臉部表情和聲音，而不只是用口語而已。

她會主動與人握手，**除非她判斷那是不適當的情境，或對方表示沒有準備好**；只要有可能性和正值適當的時空，她就會主動做到。她也會問候對方、稱呼名字，花時間用心地、溫暖地與人打招呼。她主動調整自己的姿勢、方位、身體高低，若站著時，她的臉孔眼神正視對方，相距一個手臂遠的距離；坐著時則保持約四十五度方位。

二、專注

薩提爾隨時都聚焦在當下接觸的個人，讓每個相見的人共同擁有彼此的時／空和注意，使自己能直接與對方連結，而不假手第三人。為了多了解對方，她仔細傾聽，專注於對方的聲音、音調的變化及用字等。

三、觀察

薩提爾注意與人連結，同時觀察著。她會注意到：眼神、臉部表情、顏面肌肉的張力變化、呼吸的快慢深淺、姿態、距離、肌肉張力……等等身體的語言和訊息，然後核對

這些訊息的意義。

除了身體訊息，她也會默默地注意到對方的資源狀態，
這是指：

● 自我價值感

● 溝通型態

● 對他人的接受

● 對自己的接受

● 改變的心理規則

● 期待與角色

● 力量的應用

● 知和覺的統合

學習與人接觸的練習
（經驗學習法的歷程，參閱第十一章）

治療不是面對面坐下來才開始，重視過程的治療師會從
人與人最初的相遇，如電話的交談、進門相見的互動、坐下
來的時間安排等，開始了解對方，尋找案主、案家朝向準備
改變可能性的機會。

為了培養與己、與人接觸的行為與態度，不妨嘗試演
練，先接觸自己。例如，eye to eye contact，約一到兩分鐘，
之後與夥伴分享自己內心的歷程，而不是做瑣碎的事件陳

述。這裡往往有一個關卡，就是自己和自己之間沒有「**允許**」和「**答應**」去「**探索**」和「**接觸**」自己。這裡的分享需要自己抽離地看自己，觀察自己的內在歷程，或分享自己內心發生的對話，而不是報告自己外在的行動和事件。這前後兩種方式會相當影響二人人際關係的品質，前者出現人與人的互動，後者則看不到人與人的人味交流。

覺察自己的內在心理歷程

常常與自己親近是一種能力，經過練習，這種能力會一點一點增加。剛開始嘗試時，可能會有慌張失措的階段；過了之後，覺察一下自己，問自己以下六個問題：

一、我對自己的感覺怎麼樣？

（如：我感覺自己此刻是 OK 的……有好奇心想接觸新的人。）

二、我對你的感覺和想法怎麼樣？

（如：我覺得你嚴肅，好像不歡迎我。）

三、我覺得你怎麼樣看我？

（如：我從你的反應，覺得你不重視我，覺得你對我沒興趣。）

四、這個想法對我的影響怎麼樣？

（如：我很快收回對你的好奇心，假裝微笑看你，我內

心不是平衡的狀態。）

五、我覺得我們的關係怎麼樣？

（如：我覺得我們之間沒有關係存在，若有，也是疏遠的。）

六、這個經驗走完，我對自己生活的聯想是什麼？

（一）我覺得我自己怎麼樣（自尊方面）？

（如：我覺得自己常有自我意識，自滿自足的傲慢。）

（二）我怎麼讓別人了解我（溝通方面）？

（如：我不會主動讓別人了解我。）

（三）我怎麼對待我的感覺（規則方面）？

（如：我發現自己一旦覺得不受歡迎時，很快地會退到一旁靜默觀察，內心告訴自己不要亂動，多做多錯，少做少錯的規則就出現了。）

（四）對於新的、不一樣的事，我會怎麼反應呢（覺察自我允許和自我冒險方面）？

（如：若是與我目標一致，我會勉強自己努力面對試試看。）

總結：經過這段生活聯想，我會對自己有新的鼓勵，想要柔軟一些，少些自我意識，多發問，多觀察情境，磨練內心的平衡。

尊重自己

我就是我。

以天下之大，卻無任何一人像我一樣。

有一些人某些部分像我，但沒有一個人完全和我一模一樣。

所以，一切出自於我的都真真實實屬於我，因為那是我個人的選擇。

我擁有一切屬於我的。我的身體，以及一切它的舉動；我的思想，以及所有的想法和意念；我的眼睛，以及一切所看到的影像；我的感覺不論是什麼，憤怒、喜樂、挫折、愛、失望、興奮；我的口，和一切從口中所出的話語，溫文有禮的，甜蜜或粗魯的，對的或不對的；我的聲音，喧嚷的或輕柔的；還有我所有的行為，不管是對別人的或是對自己的。

我擁有我的幻想，我的夢想，我的希望，我的恐懼。

我擁有我所有的勝利和成功，我所有的失敗和錯誤。

因為我擁有我自己的一切，我可以和自己成為親密熟悉的朋友。

這樣我可以愛自己，並且能夠和我的每一部分友善相處。

那麼，我就可以使我的全人順利運作，帶給自己最大的福祉。

我知道我自己有一些地方讓我困惑，也有別的部分是

我也不明白的。

不過，只要我對自己友善且親愛，我就能勇敢地、滿懷希望地尋找困惑的解答。

並且尋求方法以期更了解自己。

不論我在某一個特定的時刻看起來、聽起來如何，不論我說什麼、做什麼或想什麼、感受什麼，這都是我。

這是真實的而且代表了那個時刻我的情況。

稍後當我回想當時自己看起來、聽起來的樣子，自己所說過的話和做過的事，還有自己的想法和感覺，

有些部分也許顯得不合時宜。我可以屏棄那些不合宜的，而保留那些經過證明後合宜的，並且創造一些新的，以代替那些被我屏棄的。

我可以看、聽、感覺、思想、說話和做事。有足以生活下去、與別人親近和創造的工具，並且能夠使我周圍的人事物呈現出意義和秩序。

我擁有我自己，
所以我也能掌管我自己。
我就是我自己。
而且我很好。

——維琴尼亞‧薩提爾

第六章　與自己接觸，探索個人冰山
——怡玲與韓如的故事

> 事情發生就是發生了，對我們無法控制的事
> 情，就必須向命運低頭，並且向推動生命的力
> 量鞠躬致謝。

冰山演練：接觸自己的方法

　　薩提爾的冰山理論是一個隱喻，她認為：每個人的自我
就像一座漂浮在水面上的巨大冰山，人們只看到露在水面很
小的一部分，那一小部分好比是一個人的外顯行為或他的應
對方式而已；更大部分的內在世界都隱藏在水面之下，不為
人所見，連自己也不甚清楚。而且一座座的冰山底下都連結
在一起（如圖1）。想到這裡，我會有一份溫暖的感覺，認
定人的根部同屬一塊的共同體。當我們放鬆開放地探索自己
的冰山，就會接觸到自己隱藏內心的渴望、期待、想法和感
受，接近深層的自己。

「個人冰山的探索」是演練「接觸自己」的重要方法之一。越是冰山下方的部分，越需要自己去探索。**感覺是接觸人能量的門窗**，也是探索自己的重要資源，所以與人接觸，常從感受為切入點。探索自己感覺背後的感受、知覺、意義、投射、信念、規則、期待、渴望等，都是催化案主覺察能力的重要面向。一旦發現自我被規則綁架、監禁和覆蓋，如何將包裹的外殼取掉，脫胎換骨，是需要由自己長期的觀察、覺察和省思中逐步發生。例如：

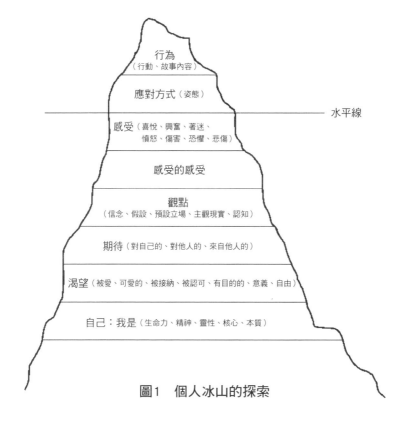

圖1 個人冰山的探索

● 過去創傷經驗留存的知覺：

有限的、片面的知覺。例如，人在當下情境，因為生氣或恐懼而封閉起來的感受。又例如：父母生氣是因為我做錯事、把我送走是父母放棄我、我是不被喜歡的。

● 僵硬的規則：

有仇必報 以洩我恨。（沒什麼益處的規則）；

我一定要拿到第一，讓全世界的人喜歡我。（不切實際的規則）。

下面以怡玲的故事為例，說明她的冰山探索如何催化自我覺察的過程。

怡玲在單親家庭中長大，對於獨自扶養兒女而不願再婚的單身父親，常有複雜的心情。她感謝他、心疼他、依賴他，想孝順和照顧他，卻又夾雜著許多說不出來的「怨」和「生氣」。

或許是從小缺乏母愛，讓怡玲內心深處一直有強烈的不安全感，尤其在面對親密關係時，她並不容易相信男人，卻又非常渴望擁有堅定不移的感情伴侶。幸運的是，她遇見了善體人意的承漢，讓她決定走進婚姻。

但自從和承漢結婚後，她卻無法安心享受兩人世界的幸福，覺得留下八十多歲的老父親孤伶伶一個人住，內心有很

深的不安和內疚感。父親卻瀟灑地一再表示，終於把么女怡玲嫁出去了，自己的責任已了。怡玲聽了，傷心又生氣地回應說：「那我今後不再回這個家就好了！」這種互動方式是親密關係中常見的模式，相互用有點兒酸和賭氣的負向方式互動，其中混和著甜蜜和生氣、期待和失望感，無法以正向方式表達彼此的關心。結果，對彼此關係的不安全感更深深地烙印在心中。

長期以來這種家庭互動的模式，怡玲會把它複製在其他的重要關係，例如，她會動不動對承漢不放心，總是擔心他不夠愛她，懷疑他會背叛，容易用負向的語言激怒他。她覺察到自己需要放掉內心的不安全感，想要讓內在清爽和自在些，所以她決定追本溯源，用父女關係為例子，走一趟冰山探索的旅程。

首先，她發現自己的應對姿態是指責型（Survival Stances），當下的即時感受是生氣（Feelings），但跟隨著深層的內疚，若隱若現在心中作祟（Feeling to feeling）。她期待自己被爸爸喜愛（Expectation），唯有爸爸愛她，怡玲才會感覺到滿足和安全感；被父親接納的感覺對她非常重要，才覺得自己是一個可愛的人，一個有價值的人（自尊）。

可是，明明她如此渴望父親的愛，為什麼偏偏要說一些令父親生氣和失望的話，徒增關係困擾呢？怡玲接觸到自己，發現很久以來，好像從幼小時，內心就一直有個缺憾，

覺得這個世界欠她一個媽媽，這是她一直留存在心中的主觀現實。媽媽在她三歲時生病過世，在她幼年最需要媽媽的時候，媽媽的替身由爸爸取代。怡玲想要媽媽的懷抱，轉移為對爸爸的期待，獲取爸爸的注意眼光時，她會感到安心滿足，親子之間相互依賴地糾纏。在怡玲的生命裡，甜蜜與生氣，痛苦與親密，不斷重疊和反覆。長期以來父女相依為命，怡玲又會不知不覺取代媽媽的位置，想要照顧父親，女兒的角色常有錯位的混淆。依附－分離的矛盾、獨立的害怕等等，在怡玲成長的心理發展充滿錯綜複雜的歷程。

「我聽到妳的生命故事，相信妳從小到大，經歷過很多的不安和害怕。」**我確認她的主觀感受，理解她的處境，增加她的安全感和信任感。**但我也猜想著，或許母親的死亡所帶來的遺棄感和孤獨感，早已縈繞在她的心靈深處，使她對命運懷著無言的憤怒、失落和不安。這份糾結痛楚的情緒，必須適度宣洩出來。

我引導她走到一張空椅前面，請她對著空椅說：「你欠我一個媽媽，我要媽媽……」

怡玲一開口就忍不住號啕大哭。我在一旁陪伴著她，好像看到眼前的怡玲退化成三歲的孩子，聽到三歲的怡玲無助絕望的哭聲。

好一會兒，怡玲終於回過神來。我們聊到媽媽在她心目中的意義。

怡玲說：「我要一個無條件愛我的人。」（這是她從小累積的成見，潛意識中的假設，認為「我的世界裡要有一個無條件愛我的人，我才能活存」。）

我問：「那個人是誰？」

怡玲搖搖頭：「沒有人。」包括她的爸爸和先生，都無法達到她心中的高標準。

我：「我聽到妳要一個無條件愛你的人，妳的意思是不是說妳在關係中時常感覺到不安全？」我與她核對我的解讀。

怡玲默默點頭，眼淚靜靜地流下。

我：「妳時常擔心爸爸會像媽媽一樣地拋棄妳、離開妳，而有不安全感嗎？」

怡玲：「我知道他不會，但我就是有不安全感。」

我：「妳的意思是，妳的不安全感是不必要的嗎？」這就是隱藏在冰山底下的不理性信念，她自己也覺察到了（**不理性信念：愛我的人就會離開我**）。

怡玲不回答，只是掉眼淚。

我：「妳的眼淚是要向我說什麼？」

怡玲：「我不知道。」

我得到怡玲的同意，由她邀請一位男生到前面來，扮演她的父親，我請她站起來面對著爸爸說：「爸爸，謝謝你。」

她一說完腳再也站不住地蹲下，再次像個孩子一樣地嚎啕哭起來。（直覺告訴我，此時要協助怡玲走出她習慣的退

化過程，超越她舊有的行為模式。）

約三十秒過去。我問她：「怡玲，妳今年幾歲？」

怡玲嗚嗚的聲音：「三十歲。」

我：「來，妳現在是三十歲的怡玲，要以成熟的自己來面對爸爸，好嗎？」

怡玲擦乾眼淚，從容地站起來，拉一下衣角。

我請她看著爸爸，再說一次：謝謝爸爸！

她說著，走向爸爸，再度哭起來，並擁抱他。

我又問一次：「怡玲，妳幾歲？」

怡玲：「三十。」

我：「很好，請記得妳此刻的心情和經驗好嗎？妳不再是無助的小女孩，妳不必再害怕。妳已經長大了，有能力以成熟的方式向爸爸表達愛和感謝，也可以跟先生經營一份成熟的感情。可以嗎？」

看著怡玲眼中逐漸升起的堅定和明白，我心中不禁想著：「人類的親人關係都很相似。我經過數十年的生命經驗後，找到了『我是』（I amness）和天和地的關係。父母對我來說，等同於天和地與我的關係。我心中大部分時刻都充滿著感恩。」

我回過神與怡玲對看好久。

「家」對我的意義，是發生「歸屬」→「分離」→「回

歸感」的時空經驗，既是成為「人我整體感」的我，也是成就我個體化的重要時空。所謂「個體化」的意思是一個人會倚賴自己的內在力量，擔當起來，而不再倚賴權威、他人或父母，覺知到自己可以掌握的部分，以及不能掌握的部分，與他人、環境共同構成整體。

　　我和怡玲共同鋪陳準備改變的歷程，包含我和怡玲的接觸，一再確認她的感覺，以增加我們之間的安全感和信任感。一個治療師主動伸出友誼的手，參與、投入和觀察，幫助案主感受到自己的價值（提昇自尊），並在言語的運用上注入希望感、確定感、常態感、欣賞、反映、個別化、澄清、解讀、重構新意等方法。信任感確立之後，可以催化案主進行更多的自我覺察，以及對脈絡的覺察。

　　在覺察脈絡的過程中，常會帶出案主的痛苦、衝突和矛盾。這時候可以運用雕塑、繪圖、角色扮演等方法，探索其不適當的行為、感受或想法，讓案主在探索過程中不知不覺地準備朝向改變。這些方法的運用有效與否，常與治療師的接觸自己、與人接觸及一致性的發展有關。

演練個人冰山探索後的引導語

● 你的期待和渴望，在這次出現的「生存姿態」下得到滿足嗎？

- 你所付出的能量和你所獲得的，相互平衡嗎？有可能將內在想法做一些調整，讓你的獲得和付出之間較平衡嗎？

- 你的假設：「要一個無條件愛我的父親」。他做不到「總是如此」，但請回想一下，在「有時候」或「某一次事件中」，你曾經發現「他是無條件地愛你」嗎？你願意把那個故事說給我聽嗎？

- 你要和自己的需求**「作對」**呢？還是**「和好」**呢？

- **「肯定的經驗」**，是不是比負向想法更能滿足你的生活期待呢？

　　事情是要如實觀看，按照事情的本來樣子去看，而不是戴著扭曲事實的眼鏡，以負面的情緒或批判的語言來對應。有時候人不知道如何與簡單幸福的日子相處，倒是把沉重的回憶事件包紮起來，連同許多的苦難、不公平、不幸或罪惡感等情緒，背負著這樣的包裹過日子，好比讓昨日的一團烏雲遮蓋今天的陽光，多麼可惜！不過，**這團烏雲可能對當事人具有特殊意義或心理作用，因而不願放下，也不願改變自己，而變得有理由責怪他人，抱怨環境。**這時治療師若只是一昧地了解和同理，正好搭配當事人不願改變的意向，那麼助人過程就有可能停滯不前，缺少臨門一腳去觸動當事人的生命力量。**生命力量需要繼續往前邁進，而不是停滯徘徊。**要如何撥開這團烏雲呢？以下是韓如的故事。

韓如，六十九歲女性，與先生共同打拚事業有成。近三年來，她的身體一天天變得虛弱，雙腳無力，食慾不好，經常往醫院診所走動，服藥後效果也不佳。她聽朋友的勸說去接受民俗氣功療法，師傅壓壓她的腹部，說她的脾腎有痼疾發作，可能她的生命之初有過極大的恐懼和憂傷留存。韓如回家後思索幾天，什麼都想不起來，情緒卻一天天更加低落。

某天中午，她突然哭著告訴兒女，說她想起來了：她生下來不久，母親就想放棄養她，想將她溺死在水中（用現在的眼光來看，母親很可能罹患了產後憂鬱症）。父親發現後馬上把她搶過手來，揹著她挨家挨戶討奶水，才把她這條命撿回來。

韓如想起這段往事，越想越感到悲傷，自憐自哀的情緒更加重了她的憂鬱傾向，逐漸放棄求生的願望，來逃避失落的痛苦（自己是被母親放棄的生命）。韓如的女兒非常擔心，所以帶她來與我談談。

從韓如和她女兒的敘述中，我得知韓如一生的故事，結婚、生子，與先生一起創業，在貧窮和辛苦中打拚，終於將兒女撫養長大成人。現在好不容易可以含飴弄孫，享受人生，她卻陷入病痛和憂鬱的折磨當中。我看著她感受做人的辛苦，心裡有說不出的尊敬和感動。

我：「韓如，妳的故事讓我很感動，也很佩服妳。」

我把支持的心情直接說出來，表達對她一生努力和勇氣

的欣賞。

韓如虛弱地點點頭。

我：「那我們來分享妳寶貴的故事，好嗎？」

她抬起無精打采的眼睛與我相對視。

我決定讓她和心中那個受到遺棄創傷的幼小孩子相遇。我拿了一個小抱枕，放在她面前：「這是剛剛生下來的小韓如。請妳把她抱起來，好嗎？」

她抱著，淚水像雨水一般滾落。此時此刻，她接觸到了內心那個悲傷又脆弱的自己，這是非常珍貴的片刻。等她痛快地大哭一陣，回過神後，我問她：「韓如，妳這一生最想感謝誰？」

韓如眼中含著淚水：「爸爸。」她的父母都已經過世，她還沒機會向爸爸表達感謝，爸爸就離開了。

我搬出兩張椅子，放在她的面前：「想像妳的爸爸坐在這裡，媽媽坐在那裡。請妳站起來，慢慢地走向前去，對他們分別深深一鞠躬，心裡要重複說著：『謝謝你！』」

她向代表父親的椅子深深鞠躬，淚如雨下；面對母親時，卻遲疑了，身體僵直不願移動。她轉頭看著我，似乎想說什麼話。我把手指放在唇邊，表示閉語，不做任何回應。許久，她終於走向母親的空椅，深深地鞠躬了。

韓如來到我面前時，是病懨懨的狀態，她是以身體的病

痛來傳達內心創傷的痛苦。我要如何引起韓如轉變注意的面向？如何點燃她的活力和意願，重拾她的生命力要往前走的能量？這些是我放在心中要與她一起工作的方向。一旦喚醒她對自己生命存在的感恩之心，就會連帶催化她內在的柔軟部分。家族排列創始人海寧格（Hellinger）說：**事情發生就是發生了，對於我們無法控制的事情，就必須向命運低頭，並且向推動生命的力量鞠躬致謝。**即使韓如的母親曾經想要遺棄她、傷害她，但母親賜給了她生命，光憑這一點，面對母親時，就值得表達感謝。雖然韓如剛開始是抗拒的，但是，當她終於向母親鞠躬致謝，心中的傷痕也得到了釋放。

　　之後的幾次會談，我聆聽她生命中的種種心情，她的害怕、得意的事、失意的事、對的事、不對的事、對丈夫和兒女的過度期待等等。她在與我互動的言語中，開始浮現感謝的言語；她面部的表情變得柔和，服裝的色彩開始明朗化，不再灰沉單調；她開始呈現出對自己生命的興趣。「我與你」的工作關係影響了韓如，使她願意放下心中的烏雲，離開原來生命能量停滯不前的重複狀態，重組並迎接全新的退休生活。

自尊與一致性

　　怡玲和韓如的故事都是很好的實例，讓我們認識自尊和一致性的概念。

　　自尊是尊重自己，我是我，我會鼓勵自己，我會看、會聽、會想，會感覺、認識自己的需要，會想積極解決困難；我感覺生氣、悲傷，這些情緒都是屬於我的，我要覺察到、接受、處理我的情緒。我的思考、我的想法，都是我擁有的，我願意擔當自己選擇的後果，掌握自己的生活。我值得獲得好的、幸福的。對於新的、不一樣的事，我會思考要怎麼樣反應。我是我自己，我願意擔當自己，我要愛自己。

　　納山尼爾·布蘭登（Nathaniel Branden）描述一個人的自尊加強時，可以觀察到的指標如下：

一、生理表現上

● 眼神明亮活潑、機警，臉孔放鬆，可承受疾病。

● 臉色皮膚色彩自然、健康、有彈性，下巴放鬆。

二、接受自己的能力提升

● 舒適地訴說自己的成就和缺點、錯誤或不足處。

● 對人、對外界可以給予和付出，也會要求情感的回饋。欣賞他人、欣賞自己。

三、對新經驗、新想法表現開放態度

● 會享受生活的幽默。

● 有能力處理和接受不安及焦慮的感覺。

● 在壓力情況下，有能力保留內心和諧的品質與尊嚴。

改變是催化一個人趨向自尊與一致性的過程

　　怡玲的內心有一個假設／規則──「我覺得不公平，我生命中缺了一個媽媽，沒有她我不行」，當她願意放下這個固著想法時，她會重新接觸到每個情況脈絡下的自己，對於發生的事情會有與以前不一樣的解讀，而增加新的可能性；溝通型態也會調整，自尊提升，對新鮮的事物勇於嘗試，開創新機。

　　韓如的感恩經驗則是觸發她心靈內在的第三點，接觸到

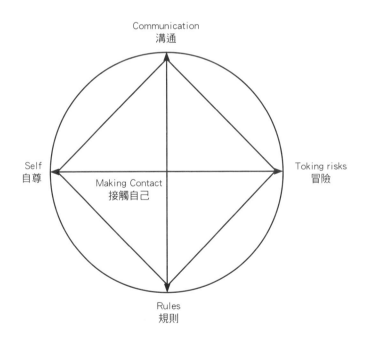

圖2　追尋一致性的途徑

（薩提爾《與人接觸》〔1984〕，吳就君譯）

自己的靈性力量，自尊隨之提升，習慣的溝通型態產生改變，她的生活其他可能性也會跟隨發生。

當我們開始接觸自己內在的需求、渴望、希望、幻想、欲望、觀感，並且覺察到外在環境的資源、阻礙、機會、目標，產生內心與外在的對話，那麼上頁圖2中的幾個點就會相互輪動，生命的高度因而提升。

自己的覺察和探索、內在與外在世界的接觸，是沒有終止的過程。所以要了解自己和表達清楚自己，是一生的探索課題。不僅靠自己發現，還要靠很多互動的人。與人接觸的經驗中，是一套啟動（Start）、安裝（Set up）、重新安裝（Reset）的反覆過程，尤其與親密關係、親密他人的接觸中共同建構的脈絡，最有機會不斷地重新探索。這樣努力的效應會帶來奧妙的歷程，**會令你更了解自己、了解別人。終極的目標是逐步接近忘記自己，消融於整體中。**

第七章 自尊的提升與溝通型態
俊樹、美妍、家康的故事

> 自尊是一種狀態、一種態度；一致性是一種能
> 力，一種境界。

　　一個冬暖日麗的週末下午，美妍和俊樹一起來到我的工作室，神情帶著淡淡的無奈和憂傷。他們決定要結束多年的感情，俊樹認為，要分手就該把原因弄清楚，這次的諮商會談，就算是他們送給彼此的分手禮物。

　　美妍和俊樹是在美國念書的時候相識的，離鄉背井的生活非常寂寞，兩人很快墜入愛河，同居一起相依為命。美妍和俊樹的冰山裡都有類似的假設：認為「我要他（她）無時無刻不是在我身邊，這才是相愛」、「我要他（她）心中只有我一個人」。這樣狹窄的愛的信念，把兩人生活緊緊地鎖在一起。他們生活在這樣的假設中，而不表達自己的狀態和需要（低自尊狀態）。這樣的溝通型態正好可以掩飾自己的

脆弱，生活在控制的關係中，把愛侶當作滿足自己內在世界的工具。「如果你真愛我，就會替我處理我的要求」、「你和我不一樣就是不愛我」，要配偶填滿自己內心的不滿足，以為一旦填滿了，就對生活的挫折和憤怒不再感到痛苦不適。這些個人很容易在戀愛的初期一廂情願地定下規則或自以為甜蜜的假設，但卻往往成為二人關係痛苦的來源。

兩人碩士學位完成後，談到結婚的事。俊樹開始認真思考，覺得兩人的關係不知道哪裡不對。他在美妍面前十之八九會隱藏自己真實的意見，習慣以配合的方式和討好的姿態迎合美妍，取得她的歡心。例如，週末美妍想看電影，俊樹想打球，但他說出想法之後，看美妍不高興的樣子，就只好依她的意思去看電影。他以妥協和放棄自己意見的方式來讓關係維繫。同樣地，美妍也會欺騙自己，認為這就是俊樹疼愛她的表現。電影看完美妍問他：「好不好看？」俊樹心不在焉地說：「不錯。」美妍看得出來他不高興，但卻避開不去了解他，她害怕若繼續追問下去，兩人的關係就會完了。

他們的性關係也是一樣的模式。做愛的時候，俊樹自認習慣配合美妍的需要，自己並沒有得到滿足，只有靠A片自慰來達到高潮。他觀察到美妍也是完全被動，好像是為了配合他，做完愛後的她顯得空虛無意。雙方都覺得這份關係無味到極度。

這樣的關係品質，讓兩個人都不快樂。美妍說她習慣找朋友說說心事就算了，但是回到台灣後心裡越來越苦。我問：「回到台灣發生什麼事？」

美妍馬上眼淚汪汪直盯著俊樹看，俊樹也直盯著美妍看。我看著眼前的場景，心想這兩位的內在世界仍然有很深的感情扣連在一起。

美妍邊哭邊說得不太清楚，俊樹從旁補充。原來俊樹的父母很熱心為他們準備了結婚用的房子，兩老將早年存錢買下的一間舊公寓重新打點，連梳妝台、雙人床、廚具都全部換新，一心盼望著兒子從美國把新娘子帶回來。結果美妍看了新房，當下擺出十分難看的臉色，兩老覺得她很沒禮貌，也直接教訓她一番，夾在當中的俊樹一時慌亂，不知怎麼辦。

兩個習慣討好型生存姿態的戀人遇到如此情境，雙方都極度挫折，成為分手的引爆點。會談室中，在再三互相鼓勵和保證安全的氛圍下，雙方都練習把心中的想法和感受說出來。俊樹認為，這房子再怎麼說都是父母花的錢，是因為愛他而費心準備的，她應該要歡喜接受。美妍覺得十分委屈，新房的佈置她完全沒有插嘴的餘地，更完全不是她喜歡的風格，好像不是自己要結婚，自己只是配角。而且從俊樹的眼神裡，她覺得自己不是他的女人，他也不是她的未婚夫，而是爸媽的兒子。

我問俊樹：「你聽到美妍說，她覺得你是爸媽的兒子，

她只是其次。你感受怎麼樣？」

俊樹臉泛紅，急迫地說明解釋：爸媽一輩子辛勤培育他們兄弟三人，他不想讓父母不高興。

我表示同理他倆的想法。俊樹處在父母和美妍之間，**一個是生下他的母親，一個是要成為生命伴侶的女性**，兩方都是重要他人，因而感到兩面難做人。美妍是新人，還沒進入俊樹家，才要開始尋找自己的位置，很需要他的護航和過橋。這是人際的三角關係難題，要怎麼因應？我先提出一個重要觀念：**人際關係的基本單位是兩人**，如果變成三角關係，必然會有痛苦又麻煩。這個人生的課題正是他們學習一致性溝通的好題材。

會談中，我引導他們彼此反覆練習聽見對方所欲傳達的話語，以及在互動脈絡中的認知、感受和了解，真實面對彼此的差異及現實條件，學習協商的溝通技巧。我看到討好型的兩個人終於勇敢爆發激動的爭論，事後又可以冷靜下來理性思考，維持不離不斷的關係。兩人在舊有模式和新的溝通方式之間來回擺盪。雖然俊樹的父母好像很難跨越對美妍的最初印象，俊樹在人際三角課題上的自覺倒是清楚許多，好幾次他意識到自己的位置，努力在美妍和父母之間做出適當的回應，例如時間的安排、活動的選擇、支持性的言語或行為，希望讓美妍可以安心。但是美妍的恐懼心還在，反映在關係上的進退徘徊。

經過一段時間的諮商會談後，俊樹對彼此的關係重新燃起信心，再次詢問美妍：「我們是否就決定結婚？」但美妍的選擇卻是希望保持現狀。

美妍表示，她現在還不夠勇氣面對婚姻和家庭生活。我猜想不少人會對美妍的心情產生共鳴吧。不管結果如何，這兩位年輕人願意一起學習親密關係的溝通難題，是一件很美好的事，正如美妍說的，就算不是為了現在，也是為了下一段更好的關係在做準備。

美妍和俊樹原本的互動，是很典型的「心口不一致」的扭曲狀態，是本人沒有覺察的生存姿態，這是最容易在親密關係的互動中發生的現象。**人與人之間若想建立有意義的親密關係，心口不一致常會發生破壞性結果。**

薩提爾長期觀察家庭內成員的互動，發現人類在面對威脅或壓力的情境時，大家都很相似，因著保護自己而學習到「心口不一致」的溝通應對方式，包括指責、討好、超理智和打岔四種溝通形態。生存姿態源自一個低自我價值和人際不平衡的狀態。當我們遭遇到口語的或非口語的、感覺到的或推測的威脅時，為了保護自我價值，我們會選擇採用生存姿態來對抗威脅。這些生存姿態的背後，其實我們是在尋求得到他人的接納，同時隱藏著我們與人連結的渴望。生存姿態就像是自我表達與自我壓抑之間的一個妥協過程。

四十多年前，我第一次讀到薩提爾的四種人類生存型態時，曾經一一地和我內心的經驗對談，我一忽兒認識到自己是屬這型，一忽兒又懷疑它。指責、討好、超理智、打岔這四個類型，是多麼易懂又傳神！加上薩提爾創作的身體姿態的雕塑張力，透過視覺化的呈現，讓人體會得更入味。為什麼稱之為生存姿態？因為每一個人不分種族、文化、性別，都想讓生命活下去，都想要保護自己。**人的內在動力與外在環境條件的壓力要如何維持平衡？如何生存下去？這些就是我們從原生家庭看樣學樣所學習到的求生方式，所以叫做生存型態。**

● **討好：**「都是我的錯」、「你喜歡什麼？」、「我只想要讓你高興」、「我不值得」、「我不重要」。

當我們討好時，不顧自我價值的感受，而將權力交給他人，或者來者不拒。當討好的策略成功地取悅某人，我們會感到心滿意足，直到另一個人的不悅打破這一切為止。

● **指責：**「都是你的錯」、「你永遠做不好任何事」、「你到底怎麼搞的？」、「我沒問題」。

指責和討好相反，為了保護自己而選擇蹂躪別人或環境。老是在指責的我們，常常切斷和他人親密的連結，而花很多時間在自我懲罰的放逐裡。我們只在獨處時暗自哭泣，因為不願承認自己的脆弱；我們內心深處相信，一旦揭開低自我價值的真相，我們就會死去。

● **超理智**：重視規則和正確性、使用抽象字眼及冗長的解釋、避開有關個人或情緒上的話題。

當我們運用超理智時，不允許自己或別人注意感受。處理衝突的方法是引用研究數據來證明我們永遠是對的。這反映出社會規條：成熟就是不受動搖、沒有七情六欲，這種僵化常被誤解為理智。超理智的人往往從人群裡退縮，且受苦於孤單。

● **打岔**：不斷改變話題、不能專注、講笑話／言不及義、抓不到重點、避開感受。

打岔是超理智的反面，在討論問題時不斷分散大家的注意力，一直改變想法，無法把注意力專注地放在一件事上。打岔的我們相信，只要把壓力的話題轉移，就可以生存下去。打岔的人讓大家覺得愉快，不被認為有問題，而常得不到幫助。

一個人逐漸地覺知自己常用的生存姿態，就會越能接觸自己、他人，及每個所處的處境脈絡。

真實地對待自己，做一致性的表達，則內在的平衡感、踏實感會與日俱增。有了這樣的覺知後，當自己有時候還是會用指責、討好、超理智等行為，這時也許已不再屬於生存型態的反應，而是個人的選擇和該擔當的行為了。

四種防衛性的溝通型態：◎註：深色陰影部分是自己忽略漠視的部分，也就是自己沒有接觸的部分。

一、指責

社會的普遍生存規則：自己一定要做贏家、強者、勝利者不示弱、抬高自己、低估他人、指責他人。

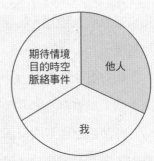

● **姿態：指責**

問題在他人身上，我不舒服是你的責任，你越討好我我越不舒服，我舒服了也不是你讓我舒服的。只會指出別人的錯誤，來為自己辯護，並要別人為自己所承受的一切負責。一定要做對的、強的、勝利的人，所以貶低他人、提高自己。指責型往往會搭配討好型。

二、討好

不同於一致性的讚美表達，討好的溝通型態讓我們付出了自我價值、否認自我尊重、告訴對方我不重要、不明就裡地負起錯

誤的責任，還要硬找出自己有錯的證明。

● 姿態：討好

　　甘願委曲自己迎合別人，用迎合別人的方式操縱別人，讓自己舒服。你不舒服是我的責任、我有責任讓你舒服、我討好了你是我的成就、如果討好不了會生自己的氣（我怎麼這麼笨）。討好的人表達反擊時，會用指責自己的方式表現。

三、超理智

　　對自己與別人都低估了，把自己的「人」也去掉，只講資料、邏輯、數理。符合社會的普遍生存規則：成熟是不斷動、亂看、亂說和不要情緒化。

● 姿態：超理智

　　如同電腦般的分析與解釋，不在乎人的感受。把此境（**here**）與此時（**now**）的發生過程轉化為邏輯、道理式的語言。任何訊息都放到自己不見得能說服的道理中，能放進去自己的道理中的就是對的，但天下事是很難用道理解釋的。超理智的人認為事情出問題，一定

是哪裡出問題了。例如：開會不會開到八個小時，會開這麼久一定是發生什麼事了，一定有什麼問題沒有説出來。

四、打岔

是超理智的相對行為，動來動去、不對題、衝動地介入、企圖轉移他人的注意力（要求做某事或討論某事、某人），想要改變別人的想法，但沒有焦點。

● **姿態：打岔**

把問題焦點模糊，企圖轉移大家的注意力，這邊壓力大就跳躍到另一邊。常常言不及義，並表現出一副事不關己的樣子。

　　生存型態會隨著情境的變化而轉換型態，例如討好型和指責型，常常是孿生的一對溝通模式。舉例來說：媽媽責備六歲的女孩：「妳看，妳又不小心把水打翻了。」女兒回答：「好啦，下次我會小心啦。」換一個情境：小女孩在玩家家酒，對著洋娃娃說：「妳看妳，把什麼地方都弄得亂七八糟！不乖！」

　　家康和母親的互動，也是另一個例子。

　　家康今年三十歲，剛從美國留學歸國不久，就跟媽媽發生激烈的衝突。他是家中獨子。爸媽年輕時共同創業，在事業上很成功，感情上卻很冷淡，爸爸往外發展，媽媽則將全部的愛轉移到家康身上。家康從小就是媽媽的心肝寶貝，媽媽對他呵護備至，任何事情都幫他打點；他也非常依賴媽媽，用討好和乖順的態度逗媽媽開心，形成「母子親密、父親疏離」的三角關係。子女一旦與雙親之一親密結盟時，他（她）的內心深處很容易會蒙上一層人際關係的混亂和不安的陰影，因為在家庭關係上發生錯位的移動。這種感情位置發生錯位的動力，通常都是**夫妻的關係失衡在先、張力增加時，牽動父母系統、親子系統所致**。（例如第三章今紅的故事）

　　家康進入青春期之後，自主意識抬頭，開始想要反抗。但是媽媽卻仍生活在僵化系統中，延續夫妻疏離、母子結盟

119

的模式，把家康當做小孩般照顧。家康的抗拒越來越強烈，從不耐煩變成了憤怒；他採取爸爸的方式，批評媽媽一無是處，惹得媽媽非常傷心。

當家康出國念書，母子關係的衝突暫時得到喘息。但是，家康回國後，媽媽又忙著為他張羅一切。他不願意媽媽再次掌控他的生活，氣到跟媽媽當眾大吵一架，媽媽因為傷心而在聚會中當場休克昏倒在地，這個舉動更讓他火冒三丈。

家康來到我的面前，是期待我能邀請他媽媽來會談，讓媽媽改變。他在言詞之間有很多情緒化的控訴。我回答：「你有這個期待，一定有很多故事和感受，我們先聊一聊。你為什麼受不了你媽媽？」

我從他的一些敘述中，發現他小時候跟媽媽非常親近，享受到許多關愛和照顧，但是眼前的他卻完全否認年幼時與媽媽的親密感情。我讓他先痛快宣洩心中不滿，但並不隨他起舞，也不批判他的媽媽。除了理解他、確認他之外，也要引導他以新的眼光解讀自己身上發生的事件；以他自己的語言，引導他完成母子之間的成長課題。「媽媽的小兒子」要長大了，必須向媽媽的溫暖懷抱告別，走自己的路。

會談五、六次之後，他的情緒比較緩和，理性思考增加。我問：「你覺得，媽媽可能改變嗎？」他搖搖頭斬釘截鐵地說：「不可能。」

我請他站起來，面對一張空椅，想像媽媽背對著他，坐

在空椅上，並請他回想六歲的時候，和媽媽相處的畫面；十歲的時候，跟媽媽的回憶；二十歲的時候……我的話語盡量溫和、肯定而緩慢，讓他有空間回憶過去的一切。停頓了一會兒，我說：「現在，請你跟媽媽說一聲謝謝。」

他遲疑不語，我靜靜在一旁看著他。他盯著空椅看了好久，終於說了：「媽，謝謝妳！」我邀請他往前走一步，再靠近媽媽一點，跟媽媽鞠躬。然後，鼓勵他繼續往前走，慢慢地走，一步一步，走過象徵媽媽的那張空椅，一直走到門邊去，再回過頭來，看著身後的媽媽。我說：「家康，你現在可以超越媽媽，勇敢去迎接自己的人生。」

下一次碰面，家康告訴我，他已經搬出家，在外面租了房子，並且決定每個月回家探望父母一次。他從此要展開獨立自主的新生活了。

*　*　*

對我來說，這四種生存姿態象徵著人們求生存的欲望和動力，蘊藏著人類生活中各種動人的故事哩！但是它相當阻礙我們的成長和改變。要打破這種心口不一致的困境，唯有提升「一致性」的連結。究竟「一致性」是什麼？怎麼樣達成「一致性」？一致性是一種與我們自己、與他人連接的方式。當我們決定心口一致地回應時，並不是因為我們想贏、想控制別人或情況、想保護自己或忽略別人，而是親近自

己、親近他人的連接方式。選擇一致性意味著選擇做真實的自己，真誠地與別人接觸，直接坦率地與人連結。這是讓人更趨於統整且富有人性的一種選擇。

回想當初的我只能體會薩提爾早期的說法：「一致性是接觸自己感覺的能力。」數十年後，我終於體會到了她所說的，一致性的進階共有三個層次：與自己、與環境、與天地的連結感。在這樣的心路歷程中，自己會逐漸消融，與中國先哲所說的「**民胞物與**」、「**天人合一**」的境界接近。

越與他人互動，會越來越能體會共同體的存在。

內在中心點（人文氣象報告演練）

「一致性」是一種能力、一種境界，這種能力是可以培養和訓練的。有沒有可能從人際演練當中體會一致性？從演練當中，將自己慣性養成的內在系統重新調整呢？有！就嘗試從一個人的接觸內在「中心點」開始。我設計以下這個小小的演練，讓大家在實作當中，各自體會去接觸內在中心點（如圖1★處），這也是學習「一致性」的起始。內在中心點的接觸，在第五章 eye to eye contact 的演練中初次提出。在這個章節又用下頁圖的星號象徵一個位置，在這★的位置裡，就包含接觸自己、接觸他人和接觸時空、情境、脈絡。當下面對的事件是什麼、事件發生的目標和期待是什麼等等。以上三面向要盡可能地接觸到。如果我當時是處在混亂

的狀態，事過境遷後，不妨為自己做個事後孔明；細細地回顧自己上述的三方面，練習一下：

- 如何有效地表達自己？
- 先決定自己想要向誰表達？

其次，就用這三方面的資訊，整理成能夠趨向目標或期待的語句表達看看。

圖1　接觸自己存在的中心

下面的作業範例，應用「人文氣象報告」（圖2）和「我訊息」的詞句，讓大家從當下人際互動的脈絡中直接與當事人互動，來練習接觸自己的中心點。

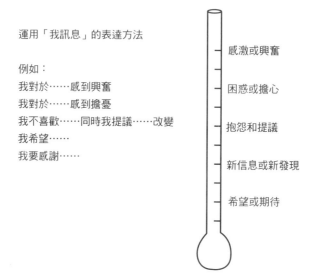

運用「我訊息」的表達方法

例如：
我對於……感到興奮
我對於……感到擔憂
我不喜歡……同時我提議……改變
我希望……
我要感謝……

感激或興奮

困惑或擔心

抱怨和提議

新信息或新發現

希望或期待

圖2　人文氣象報告指引

（參考自《心的面貌》〔*Your Many Faces*〕第13頁，薩提爾著／1993年，張老師出版社）

　　大自然的氣象報告，如今天陰偶雨，明天晴朗炎熱，不斷在變化；人的心情也是一樣。「人文氣象報告」圖就像是一支心情和感受的溫度計，可看出我的狀態如何？能量、平衡感又如何？並可看出身體／情緒／心理／靈性／感受／想法，以及連接我們之間正要發生的議題。你可以參考圖上的刻度所指引的情緒，接觸自己、表達自己。溫度計只是一個象徵的意象，不同的刻度只是用來顯示不同的情緒，並沒有

高低之別。

此時此刻，每個人在想什麼？感受到什麼？一群人在一起，我的狀態是怎麼樣？當每個人都與自己的內在中心點有接觸時，當下的訊息交流，就是人文氣象報告。

一群人聚在一起，來自四面八方，帶著不同心情、不同需求，通常都是人在心不在的狀態，遑論要一起有效地利用時間資源，往共同目標前進的可能性少之又少。此時應用「人文氣象報告」，成員自動自發地發言，常常可以達到幾項團體的效果：

● 團體的互動由少增多，團體的關係開始發展。
● 正、負向的氣象報告都包容，營造團體自由開放的氣氛。
● 成員嘗試做真實的自己，接觸自己。
● 團體的時空進入此時此境（Here & Now）。
● 有了這樣的團體成形，才能進入有效的經驗學習模式（參見第十章）。

透過不斷的演練，久而久之，我們會越來越能夠接觸到自己、他人和情境的時空，也越來越能夠表達真實的自己，內在的慣性系統也會不知不覺發生意想不到的變化，越來越朝向一致性。以下是一些示範的例句：

一、在演練課堂上

● **我**看到**你**一直笑著面對**我**，**我**心裡有點不安。**我**想跟**你**確認**你**是在笑**我**嗎？笑什麼？

● （三人互動時，第一人對第二人說）**你**說的話令**我**很感動，可是看**你**（轉向第三人）的表情漠然，**我**想多了解**你**（第三人）是不是有不同的想法？

● **我**發現自己的領域好像和**大家**不一樣，心裡有點不安和擔心，怕自己跟不上，或被看不起。我把這些話說出來之後，就覺得好過些了。我會繼續努力，不打退堂鼓。

二、伴侶（夫妻）會談時

● **我**沒有打電話給**你**，**你**就懷疑說**我**在生氣，這是**你**的解釋。**你**願意聽聽**我**的說明嗎？**我**被別的事情絆住了，與**你**完全沒有關係好嗎？

● **你**的解釋讓**我**發現，**我們**真的需要好好談談。**你**願意聽聽**我**的說法嗎？

● **我**現在聽懂了，**你**期待**我**當下就要對**你**說出**我**的感受，這對**我**是個陌生不習慣的表達方式。**我們**有協商的空間嗎？

● **我**看到**你**在家庭生活上處處都採取強勢姿態，**我**心中一方面有感謝和欣賞，另一方面每次聽到**你**排斥**我**的意見，**我**會覺得不被尊重，或是**你**的世界根本不需要**我**。

三、親子會談時

● **你**嫌**我**囉嗦，**我**也不喜歡**自己**成為囉嗦的母親，**我**希望**你**會了解**我**。這幾個月來，**我**看到**你**對女朋友的熱衷，做功課的時間少了，**我**會擔心這影響了**你**念書，考不上理想的學校。**你**能表現得不要讓**我**擔心嗎？

● **你**願意告訴**爸爸**：「自從**你**離開之後……」**你**覺得家裡變成怎麼樣了？

● **你**有覺察到**兒子**不過是八歲小孩嗎？**我**聽到**你**所說的話是擔憂**他**未來二十年的事。**你**有發現嗎？

　　以上的人際演練，希望當事人能夠如上圖所示，接觸情境中的自己，又能與對方連結，彼此生活在真實的、人與人的真誠關係中。

第八章 治療師的自我實踐
——一致性

> 治療師越能與自己連結，
> 就越能與他人做深度的連結。

做為一個治療師的**主要任務，是要幫助人們了解自己潛在的創造力**。治療者要能投入人際關係系統的「人」，又能清楚界線所在，以自己的人格特質和資源，與案主的特質、處境、需求，共同塑造一段具治療性的旅程，「可以讓人感到有生命、希望、富創意，並運用自己、彼此連結的新方式」。換句話說，她／他自身需要經歷一系列的轉化與成長過程：

● 首要階段是信念的形塑過程，人要有核心價值觀與信念系統，同時伴隨著自我生命的實踐。**這樣的過程中，自我存在感才會出現。**

- 生命的誕生原本就具備了完整自在的我，也具備連結資源的通路，有彈性且柔軟。
- 覺察自我卡住的地方，以及資源通路截斷處；覺察規則僵硬和低能量。
- 學習放鬆自己。
- 珍惜生命的歷練，自我還原本來面目，與資源的通路擴大、暢通。服務案主，自他互換；人我共同的歷程進行式。

　　治療師越能與自己連結，就越能與他人做深度的連結，接觸到案主的痛苦和創傷時，能創造一種予人安全的感覺。《薩提爾治療實錄──逐步示範與解析》（*Satir Step by Step: A Guide to Creating Change in Families*）一書中曾經說到：「當我碰觸自己的感覺、想法、所看、所聽時，我變成更統整的自己，更一致的自己，完全的自己，於是我能接觸到他人。」

　　能夠清楚自己對人性的信念，是變成有效能的治療師之關鍵，才能在治療的行動過程中做出適度的選擇和方向。一個助人者只是呈現資源給案主，而不是要求他們接受我這個治療師。我們的工作是幫助案主用她／他的潛能來成長，找到方法來統合自己的生命經驗。

　　我以摘要的方式列出治療師的著力之處：

一、從溝通面介入的著力點

● 促進一致性的溝通。

● 提供變通的、另類的想法和做法。

● 發生可以提高自尊的機會。

● 鼓勵每個人參與溝通。

二、強化自尊方面，治療師可做的事

● 加強對自己和對他人的覺察。

● 耐心、務實、真實。

● 幫忙案主統合過去的經驗和現在的情況。

● 讓每個人彼此間產生人與人的接觸。

● 讓感覺被有效認可。

● 給每個人尊嚴、信任和尊重。

三、用「自己」這方面，治療師可做的

● 做出示範，把所看到的和所想到的坦率說出來。

● 激勵人們的能量出現。

● 創造改變的氛圍和環境。

● 應用輕鬆、幽默、隱喻和想像。

● 技巧的應用要選擇適當時機。

● 引用他人的生活經驗要選擇適當時機。

● 敏感於探索生存信念和感受，探索這些感受的根源，
　 開始重新建構意義。

- 了解案主的作為和選擇,尋找其中的意義,但沒有必要完全同意。

- 多應用各方面知識,如歷史、政治、文學、戲劇、心理、法律、醫學、經濟、社會、生理及人類學。

- 在應用家庭系統理論來溝通知識與技術時,站在人類成長與發展的關懷立場。

- 對其他學習隨時隨地開放。

我坐在治療師的位置時,與自己的對談

本書的開場從「我的困惑」談起,這裡分享「我存在的覺知」來繼續上述的思考:

一、我根本的覺知裡沒有「助人」與「被助」的意識存在,**而是我們「相見」了,是一份緣起,所以尊重、專注和好奇地投入,同時抱持隨緣、應緣的過程。**專注在案主的生命能量,探索是什麼阻礙它自然地流動?如何一起發現、一起尋找,引導他們的能量整合起來?於是我投入我們的互動過程中(念而無念,無念而念)。

二、**內心常檢核，覺察安定與平靜**。「對－錯」、「得－失」、「成－敗」、「有效－無效」、「喜歡－害怕」、「期待－落空」……等二元論的念頭會覺察而放下。**在覺察中**，平衡、穩定的心常常在「**於相離相**」、「**於空離空**」的狀態中。

三、**接受自己的有限**。認真、專注地看、聽，**投入案主的脈絡而不著境**，體會案主的人而不染，就像「百花叢中過，片葉不沾身」、「一任清風送白雲」、「船過水無痕」。

四、我內心同意案主生命歷程的「**發生**」就是「**發生**」，相信案主會有力量來支持自己或保有力量，活出自己的生命。

五、生命的過程若分為少年期、青年期、壯年期、晚年期，每個階段都有其特色，都要變化，**都要與自己和好**。在這樣的覺知下，專注地觀察，**能夠與生命的不確定感和曖昧感覺共存**。案主和我自然地隨緣、應緣，一塊工作。

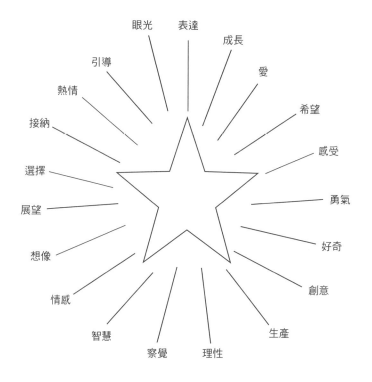

圖1　人的能力資源

人的資源

　　人活著若只關心自己的需要，會越來越感到孤單，即使在人群中哈來混去，看似熱鬧，深層心理仍充滿孤寂感。只有開放自己的心與別人連結，才會有人類共同體的融合感。

　　每個人都有獨特性又有共同性。允許自己獨特性的發

展，且有機會被接受或了解時，越能主動發現人的共同性。

　　每個人都具備成長和健康所需的資源和能力，只要時常接觸自己的內在資源，薩提爾將它們歸納為上頁圖示（圖1）。這個提示不僅幫助我個人，同樣地，面對著案主和案家時，我內心會出現希望感、資源感、欣賞感的來源和應用的資源。

　　薩提爾又提出自我曼陀羅（見圖2），做為接觸自己、連結別人的想像和開發的可能性。自我曼陀羅包括精神靈性的、身體的、感官的、情感的、理性的、互動的及時空環境脈絡等七個面向，就像七面鏡片的萬花筒，每一鏡片都反映出自己和對方的一部分。生命的活動有看得見的，如眼、耳、鼻、舌、身、意的活動，也有看不見而超越感受和思考的活動，或靈性的場域。

一、你的身體——生理部分

　　人體是非常複雜而美麗的系統，每個人都是獨一無二的。我們會運用自己的身體來工作，並會尊重每個人的身體界限，以身體來協助人與人連結。身體層次也有許多規則，規範著身體的發展，也影響我們對自己的看法。身體要我們自己去滋潤和鍛鍊它，而不要用過度使用煙酒或飲食、毒物、垃圾食品去傷害它。

二、你的智力——理性部分

　　智力是頭腦認知的部分，它代表著思考、組織和運用邏

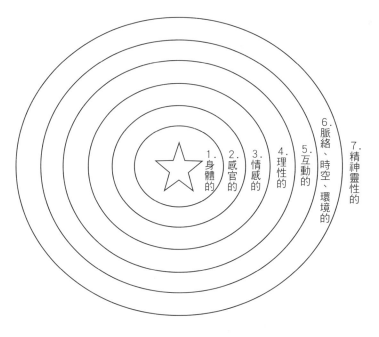

圖2　自我曼陀羅

（〔Self Mandala〕，接觸人的七面萬花筒）（Satir, V., 1994）

輯，顯示你吸收進來的訊息及處理、你的想法和你賦予它們
的意義。

三、你的情感——情緒部分

　　情緒是感受與覺察到我們所處世界的能力，我們除了有
感受之外，也需要表達情緒的能力。系統中存有許多情緒表
達的規則，決定了什麼感受可以表達，什麼需要隱藏在心
中。當我們表達與自身感受不同的情緒時，就出現了不一致

的溝通模式。

四、你的感官——眼、耳、皮膚、舌、鼻

感官是人很大的資源，好比人體工程的雷達站，靈敏地接收各種看得到和看不到的訊息。長大後我們有很多的規則，限制自己什麼可以或不可以看、聽、說、感覺。經過一番的心路歷程，我們將會明白自己可以自由地看、聽、說、感覺和想，原來人活著是自由自在的。

五、你的關係——與人互動部分

互動層次是指我們與他人以及自己連結的能力。互動發生在口語的和非口語層面，都會帶入自己的內在系統，產生資訊交換，並建立意義，影響到人際。

六、你的環境——時間、空間、空氣、聲音、色彩、溫度

每一個面向都是發生的情境，都可能啟發個人的資源，而這啟發有方向（正、負／上、下），正向有多少，負向就有多少。在每個當下的時空情境中，將能量放置在正向轉動中。

七、你的靈性——精神部分

每個人活在地球上，好比天上的一顆星星下降到地球上（我的想像）。「你的生命是可貴的。」東西方文化對於人存在的終極意義各有精華的設定，有關「生命是可貴的」這句話，在集體生存型態引導下，個體我較不容易感覺深刻。中國人的生命是現實、養生、功利掛帥，人生的價值大部分都放在社會的脈絡來看待，由別人的眼光以及與別人的關係

來界定。一旦從深度的意義看中國儒釋道文化下的建構，則推崇靈性、空性為依歸。西方文明則對人類眼、耳、鼻、舌、身、意等「人」的經驗，有很個體性的深刻化，強調要昇華為「愛」的實踐為終極。前者多為抽象、直覺、整體、集體性現象；後者較具體、分析、理性、個體性顯著。做為現代人，多多少少同時受到東西方文明的衝擊，人性在感官和物化面處處受到強烈的刺激和資訊的轟炸，結果人就在欲望和資訊泡沫中飄浮著，漂浮著……在這個混亂和不確定感的時代。

傅佩榮曾經說：身體健康是必要，心智發展是需要，靈的修養是重要。現代人都普遍重視和促進前兩者，但是身心之外的第三因素——靈性，才是決定快樂的因素。靈性的發展會引導人的身心起變化，會賦予人的身心活動意義，轉化負向的思維與感受，讓活著的位置放在積極、主動、光明面，並走向超越的管道，與天地自然，感應共感。

靈性是與生俱來的，人人都有，只因「忙碌」、「緊張」、「期待」、「想要」，而容易受到蒙蔽。只要用平常心、放鬆的心，自然會浮現靈性能量。與朋友在一起的時刻，實然有甜蜜的美感；看畢卡索「讀信」那副畫作時，心中湧上來的溫馨和哀愁感；看著嬰兒凝視著他的雙手，認真的揮舞，那一剎那間對生命的讚美……這些都是個人性的靈性接觸，不在於內容，而是每個人心中的靈性振動，隨時隨

地都可能產生和發現。

　　生命是一次能量的流動和活動的機會，生命的能量在可以掌握的機會和意料之外、不可預測的事件中來來去去。（也可以說沒來也沒去！）所以有冒險性，要擔當，從中發現人生意義的所在。我活著感應這個生命流動的機會，尋找一致性和全人的發展。

　　和案主在一起的時候，我也是感應這樣的歷程。有的案主的能量大部分用在戰勝、獲利、征服／控制、報復／防衛／保護自己受創的心靈……等等的幻想上。有時候，我會和案主討論他的能量大多應用在哪一方面？如何運作和管理？

　　例如能量的方向，有焦點的vs. 散化的；黏合、依附的、膠著的vs. 背離的、衝突的；能量的投入方面，活水vs. 乾枯壓抑；熱情vs. 冷漠；內轉vs. 外尋；反覆vs. 突破。能量的管理往往缺少結束的決定，放下的默契……這些探索性的交談語言，很容易引起案主對自己的興趣，開啟探尋自己之窗。

　　能量的運作有學習的過程，是一連串逃避（flighting）、抗爭（fighting）、面對（facing）轉換的面貌。能量的投入和偏離，放和收，或循環，也是心理治療過程中的變化。我會專注地聽和觀察案主的感受、想法、態度和行為及如何自我解決。接觸他的自我價值感，貼近自己、接觸他人，了解人生命中的渴望。接觸和感應發生時，他的自我融化，靈性

的能量會帶領他走向他要的方向。

我曾經認真地想為什麼薩提爾會跨越地球五大洲,與不同文化、不同種族、不同性別、不同角落的人都連結得這麼感人?因為她接觸到「人類的渴望」。

人類究竟渴望什麼?我看到薩提爾工作時最震撼的部分,是她與人互動產生的氛圍和環境。她流動的能量是「支持」和「發展為全人」的重要因素。我相信那是人類深層的渴望。

支持的元素從哪些方面流露呢?安全感、了解感、連結感、被看到、被感興趣、被欣賞,當人與人接觸,這些成分被感受到時,會感覺自己是有價值的,在你的眼中我是被認定的、有位置的、被注意到的、被包含、被接納,內心有自主性的轉換時空,有一份被擁抱和喜悅感。安心地、喜樂地成為「人」,這是滋養全人所需要的環境。凡是學校、家庭及助人工作環境中,都需要創造的互動與環境。

在此分享我的另一個學習

2009年我參加海寧格在香港的工作坊,有一個印象深刻的片段。他與一位案主交談結束後,對觀眾做他個人的分享。他帶著肯定有力的聲調,說出對待案主的**五個"NO"**:**No Love、No Attachment、No Promise、No Suggestion、No Fear**。我的女兒(主修生物醫學)坐在我身邊,聽完就側過

頭用困惑的眼光向我凝視。課後我告訴她，**他說的不是文字，不是語言，他說的是「道」。就像金剛經所說的，眾生，非眾生，即是眾生。老子也說，道可道，非常道。**女兒搖搖頭，我只能微笑。所謂道，就不是拿來說。但非說不可，則緣因人、時、境的當下說法。

第九章　家庭互動與家庭關係

家庭動力，

是學習家族治療最基礎的課程之一。

　　身為一位家族治療師，面對著家族治療的情境，與一整個家庭的成員彼此面對面坐著，我們究竟要看什麼？聽什麼？要如何看待這個初見面家庭的現在、過去、未來？我們應該扮演什麼樣的角色？如何能幫助這個家庭？

　　家族治療與個別治療的不同之處在於：個別治療的情境以案主為主軸，當下的互動只有案主和治療師單線來往的互動。然而，面對著夫婦或伴侶時，三人情境的互動就有十二條隱含的動線，如圖1的三人互動動線圖。

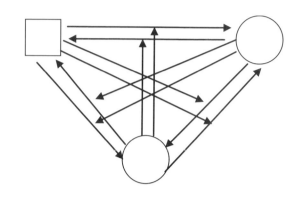

圖1　三人互動動線圖

　　若拿三口人的家庭為例，治療師必須敏銳觀察，諸多互動中議題的發動者是誰？誰在改變話題？為什麼改變？誰向誰說話？誰在回應？怎麼樣說？怎麼樣回應？構成這個家庭的溝通系統如何？氛圍如何？生活規則如何？對外界的連結如何？權力分配如何？家庭關係如何？等等……。

　　這些複雜的動線就是家庭動力。我經常強調，家庭動力是學習家族治療最基礎的課程，因為家庭系統就呈現在動力過程中。身為治療師，最重要的工作之一，就是要觀察家庭動力的「過程」，包括家庭中個別成員的互動情況，以及整個家為一體的觀察資訊，兩方面來來回回的磨練，是學習家族治療的重要課題之一。

　　以三人家庭為例，治療情境中的動力過程，至少包含了

幾個層面：個人內在心理層面、兩人互動層面、三人互動層面、系統互動層面。為此，我設計了許多家庭案例範例演練，和小團體動力課程活動，以啟發新手對家庭互動的敏感度、區辨力和介入的發問等。

家族治療實例

十一歲的男孩恆達，有嘔吐的問題約一年。母親畢玲百忙中帶他到教學醫院檢查，都沒有身體上的異常，醫院轉介給心理治療部門。母親曾經上過我的課，因此接受建議，一家三口來到我的工作室。

第一次會談中，我觀察到，父母兩人幾乎沒有夫婦之間面對面的直接對談，都要藉著恆達成為父母互動的話題。因此我先**聚焦在父母兩人互動層次發問：**

我：「近一年，父母兩位的觀察，有發現什麼因素，與恆達的嘔吐有關係嗎？」

畢玲（母）即刻回應：「功課的壓力。」隨即轉向恆達：「所以媽媽要告訴你，你課後輔導不要再去了，英文課暫時不要上。」（**母親轉換話題，轉向三人層次，以下對話都在三人層次互動，呈現家庭系統。**）

恆達：「我不要，我要上英文課。」

建業（父）：「你不要三天都不去，去一天好了。」

（**夫妻意見不同，好像是權力鬥爭的開戰，隱藏著差異的對**

峙、誰聽誰的、對錯、輸贏、好壞……）

恆達：「我不要。」

母：「我每次要你少看電視，早點上床，睡眠一定要夠八小時，第二天上學才不會慌慌張張啦！你都要我叫得半死……」（**母親轉換話題，逃避兩人意見不同，夫妻關係另闢戰場的樣子。**）

恆達：「我的功課OK呀！功課做好，就可以看電視。爸爸他也在看呀！我不是每次都給你簽過名，OK了，我……」恆達嘟嘟嚷嚷地說著。（**兒子感受到戰爭壓力在他身上，想聯合父親因應。**）

父：「你沒有整理書包就上床，第二天不上的課本和用具都不要放在書包裡，每次都要我幫你整理。……」（**父親忽略兒子的需求沒有回應，自己轉換話題。**）

恆達眼神瞪一下父親，顯露失望的神情。

我：「恆達，我看到你眼神看一下爸爸，你想說什麼呢？」（**我的介入想要影響家庭系統，支持兒子個人的需求。當系統膠著，介入三人層次的系統。**）

恆達遲疑一下：「他們都是這樣。」垂肩，眼睛向下看，兩手抓著椅邊，瘦長的兩腳在地面上前後劃著。（**兒子感受到系統的壓力，小小冒險，回應我的發問。**）

母：「我下班時間比較晚的時候，你先跟小婷的媽媽回家，我再去接你……」（**母親感受到系統壓力，轉換話題另**

搶戰場。)

我:「等一下。恆達,你剛剛說:『他們都是這樣。』這樣是什麼樣,說清楚好嗎?兩位,可以嗎?」我趕上去發問。（**支持兒子,尊重父母系統。**）

恆達:「爸爸說我做完功課可以看電視,媽媽就要我去睡覺。媽媽說英文很重要,現在又叫我不要去上課……」（**冒險表達自己承受的壓力。**）

母:「我就是怕你到學校又要吐……」（**母親借用兒子生病來合理化自己的行為。**）

我:「恆達會常感受到爸媽有不同的意見,讓你心煩嗎?」（**我試著想要聚焦溝通,我同時感受到父母分別與恆達之間的關係,是各有相對的安全感的,不穩定的是夫妻系統。**）

恆達:「對。」眼睛又瞄向爸爸。（**希望父親支持的樣子。是性別認同?還是權力的分配所趨?**）

我:「我在你們的談話中,感受到畢玲和建業兩位父母很認真,都關心恆達的學習和健康。難免兩人有意見不同的時候,但是恆達表示爸媽意見不一致的要求會令他心煩,例如剛剛看電視這件事,兩位現在先討論一下彼此的看法、想法,協商一致後告訴恆達。恆達,我們聽著就好。」

我停頓一下,邀請畢玲:「我和妳交換位置好嗎?」

（**我支持父母系統,聚焦兩人意見差異議題,準備做兩人**

層次介入；調整父母對角線的位置，改變為同邊鄰坐，距離拉近，同時親子系統界限明朗化。如圖2座位調整為圖3。）

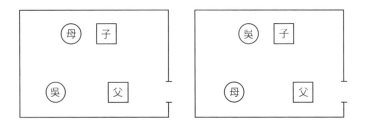

圖2　原家庭成員座位圖　　圖3　調整後座位圖

畢玲安靜地接受交換位置。恆達面對父母排排坐，表情輕鬆許多。（**我無語地瞄恆達一眼，表示我們聯盟鼓勵父母對談。**）

我鼓勵夫妻談談恆達以外的生活事件，第一次的會談很不順利，兩人不是各說各話，就是很快又繞回恆達身上，話題需要協助聚焦。但是第二、三次慢慢地兩人之間不同的想法紛紛出現，對於家庭金錢分配和使用、個人的生涯發展……好像壓抑心底的許多不安和焦慮都浮現上來。我建議第三次之後進行夫妻會談，恆達不必出席。而在之後的夫婦談話中，他們再也沒有提到過恆達的嘔吐行為。

自我演練：辨認互動的層次

對於團體動力的過程，家族治療師必須保持敏銳的自覺。當治療師要加入互動時，或事後覺察時，能夠清楚地分辨自己加入的互動是在哪一個層次？怎麼樣加入？為什麼要加入？加入的假設目標是什麼？

專業的敏感度需要不斷的自我練習和團體訓練。首先，我將互動先分為四個層次，為的是觸發治療師個人的敏感度與區辨力，以便幫助治療師清楚自己在做什麼，與案家彼此互動和介入系統過程時，能夠產生清楚和有效的溝通效果。

- 個人內在心理的互動過程
- 兩人之間的互動過程
- 三人之間的互動過程
- 系統層次的互動過程

各層次的發問例子如下：

一、個人內在心理過程的發問

「所以你害怕說出你的感覺，你害怕面對自己是怎麼回事？」

「你不斷說你自己多麼菜，那就是令你覺得自己差勁的原由吧？」

二、兩人之間互動過程的發問

與兩個人以上同時會談時，例如夫婦、父母、子女，可能會從他們彼此溝通的姿態發問，例如：

「**俊樹**，你聽到**美妍**說到關於房子的事，你感受什麼？」

「**畢玲**，妳心裡對**建業**感到生氣，建業知道嗎？」

「**你們**都覺得親職的責任很有負擔，**你們兩人之間**怎樣互相說出你們的需要呢？」

「**兩位分享**兒子逃學事件帶來的失望心情，**你們彼此也會分享**各人內心的苦楚嗎？」

「**林先生**，你感到不高興，因為憲明太被動，你知道怎麼樣會讓憲明主動喜歡做事嗎？」

三、三人之間互動過程的發問

當有三位家人時，問其中一人觀察另外兩人的互動情形，例如：

「**淑文**，妳看到**兒子和爸爸**之間的互動怎麼樣？」

「**憲明**，你**父母**在爭執時，你看到了什麼？」

四、系統層次的發問

「在**這個家裡**，大家知道要怎麼樣讓家裡的另一個人感到快樂嗎？」

「你和媽媽有不同的看法，**你們家的人**怎麼處理彼此看法上的不一樣？」

「你看到自己的**家庭雕塑裡**，爸爸站的位置，你想向爸爸說什麼？」

自我演練一

一、**目的**：練習四種方式的回應，藉此區辨來練習對「互動」的敏感度，認識治療師介入的層次，所指認的問題有所不同。

二、**方法**：自我演練。

三、**時間**：十分鐘。

四、**步驟**：閱讀案主的主訴之後，治療師嘗試做有效的確認問題，並將內容轉向過程問話，有ABC等例子，請試著**指出治療師的介入在哪一個層次？**（個人心理層次、兩人互動層次、三人層次、系統層次。）

案主A的狀況：

案家缺席一段時間後，再次回診，母親開口說話：「治平在學校又表現不好了，上次定期回診時他表現的不錯，所以我想我們不必再來，現在我覺得這個決定錯了，我簡直受不了！我婆婆最近搬來住在一起，因為她閃到腰，丈夫只顧著上他的班，小孩子在家總是打來打去，我實在管不住。」

治療師的回應：

● 美慧，聽起來妳的壓力很大，我不知道妳會對妳的生活下怎麼樣的結論？（個人內心、兩人互動、三人互動、系

統互動）

　　● 妳現在還好嗎？妳丈夫對妳承受的壓力說過什麼嗎？（個人內心、兩人互動、三人互動、系統互動）

　　● 我聽到妳對小孩之間的互動感覺到相當的壓力，告訴我，妳覺得大女兒和大兒子之間相處的如何？（個人內心、兩人互動、三人互動、系統互動）

　　● 美慧，妳告訴我妳的壓力，妳的家裡會一起談論妳這些壓力的感受嗎？（個人內心、兩人互動、三人互動、系統互動）。

案主B的狀況：

　　一位已成年的女兒，同時是主修婚姻與家庭諮商的研究生，想做原生家庭的探索。她對我說：「老師，我把家人帶來接受諮商，因為我覺得很焦慮和疲憊，我媽媽會告訴我她的煩惱，我爸爸也向我訴苦，妹妹說我該為她們做些什麼，我的醫生說，我必須改變自己，要不然就是繼續忍受十二指腸炎的苦。」

治療師的回應：

　　● 惠玲，妳說媽媽向妳訴苦，妳喜歡妳和媽媽之間的關係怎麼樣較好？（個人內心、兩人互動、三人互動、系統互動）。

　　● 我聽到妳對父母輪流向妳抱怨感到很有負擔，妳自己

看到他們之間的關係如何？（個人內心、兩人互動、三人互動、系統互動）。

　　◉ 我想知道這個家的家人是如何讓彼此知道他們需要的是什麼？（個人內心、兩人互動、三人互動、系統互動）。

自我演練二：冥想

一、目的

　　◉ 回溯過去的家庭事件，覺察當時的想法和感受。透過冥想過程，發生新的看法和想法。

　　◉ 用冥想過程嘗試修正對父母的老舊看法，或對兄弟姊妹的固定看法。

　　◉ 加強「我訊息」表達的能力。

二、學習方法或步驟

指導語：

第一步，請閉上眼睛，把感覺注意到呼吸上，吸氣、吐氣、用鼻子做一個快吸，然後慢慢地用嘴巴呼出來。

第二步，恢復用鼻子吸氣、吐氣，很自然地想像你和兄弟姊妹。

　　◉ 爸媽不在家，你和兄弟姊妹在哪裡？

　　◉ 你看起來什麼樣子？他們看起來什麼樣子？穿什麼衣服？頭髮剪成什麼樣子？你幾歲？他們幾歲？

● 你在做什麼？你和他們在一起嗎？還是分開的？

● 你對他們每一個人的感覺如何？你覺得自己在其中嗎？還是邊緣？

● 你們是朋友嗎？

● 你們是一夥兒的嗎？還是你和其中一位在一起？哪一位？

● 他們在一起彼此搶什麼？要什麼？爸媽會怎麼處裡？

● 他們心裡彼此需要的是什麼？

● 你現在對他們之間的關係有需要改變嗎？

● 你和他之間現在彼此對話好嗎？（三分鐘）。

第三步，回到三人（五人）小組，分享冥想後的省思和發現，約三十分鐘後，用下列話題引導，目的是演練前面學習過的「我訊息」話術，同時促進成員之間的互動與回饋。例如：

● **我**們五人當中只有**妳**排行老么，其餘都是老大。我原本以為老大最容易變成討好和順從的生存型態，結果聽到妳是老么也是這樣，**我才發現**，我的刻板印象要調整。我希望自己了解人的時候，不要動不動就歸到出生順序。

● **我看到你**發言的時候神情興奮，但是別人發言時，**你**的眼睛就回到你的iPad，**我想**多了解**你**的狀態是怎麼樣？

● 你提到自己童年時候與兄弟姊妹的關係疏離而邊緣，這與**我**有相似的感覺，而且這樣的關係和互動，重複發生在我成年的人際關係。**我**想知道**你**的情形是怎樣？

● **我**和**你**不一樣的是**我**和權力核心的距離感從小就較遠的感覺，這影響我在職場和主管的互動，**你**會嗎？

以上例句的表達，都包含我、你、脈絡的訊息。本訓練強調互動的品質是人的互動，是我與你（I and You）的交流，所以會在每個演練活動中，要穿插「我訊息」和「人文氣象報告」時所學習到的話術。希望每個人發言時能運用這樣的話術，必要時應用在治療介入，會有不同的影響力。

小團體動力實務演練

一、目的

● 覺察個人在團體中的行為及受團體情境影響的行為（系統的動力及對個人行為的影響）。

● 增加人與人連結經驗的敏感度。

● 增加敘述團體的語言。

● 整合認知、情感、行為的一併學習。

二、學習方法與過程

● 金魚缸學習法，或稱為內外團體觀察法（成員圍成兩

個圈，內圈是演練團體，外圈是不參與的觀察團體）。

● 外圈的任務，是觀察團體互動的動線，而不是觀察個體行為。

● 進行觀察時，須仔細觀察的團體互動面向：

氛圍：小心翼翼vs.輕鬆自在、壓抑vs.敞開、真誠vs. 虛假……

溝通：清楚vs.模糊、聚焦vs.分散、開放vs.封閉、理性 vs.感性、良發良接vs.不良發不良接……

規則：隱藏vs.彰顯、清楚vs.模糊、上vs.下、內 vs.外、男vs.女……

關係：親密vs.疏離、遙遠vs.接近、順從vs.對立、面對 vs.逃避……

權力：平衡vs.失衡、對等vs.不對等、集中vs.分散……

● 整體來說，團體在做什麼？

● 內團體每一回進行二十分鐘，而後外團體提出觀察報告和討論，內團體聆聽。

三、人數

● 二十到二十四人，分成五或六人一小組，共四小組。

● 兩小組為一個中組，共兩中組，意即分為兩小組成內外團體的結構，如金魚缸與外團體。

四、時間

初階：四日工作坊，六小時／天 × 四天，共二十四小時。

進階：二日工作坊，六小時／天 × 兩天，共十二小時。

家庭作業（一）

下列以有關原生家庭探索性的入門問題，做為家庭作業，成為初階學習家庭關係與家庭動力的熱身作業。

有關原生家庭的探索性問題包括：

● 對我成長的家庭，最好的形容是……

● 在我的家庭裡，我母親是個……

● 在我的家庭裡，我父親是個……

● 在我的家庭裡，不能討論的事情是……

● 我的家庭最大的正面資源是……

● 不同意的情況發生時，我的家庭處理的方式是……

● 我從母親那兒學習到的是……

● 我從父親那兒學習到的是……

● 我的手足（兄弟姊妹）教了我……

● 對我來說，家庭事件（過年、節日、拜拜、生日、度假）是……

● 在我的家庭裡很少被表達的情緒是……

● 在我的家庭裡，我覺得最親近的是……

●在我的家庭裡，我覺得最疏遠的是……

●當我與家人外出在公共場合，或與親戚聚會時，我通常覺得……

●對我的家，我最喜歡的是……

●假如我能改變家庭的任一事物，我想改變的是……

一、學習目的

●透過回答上述題目，與自己的原生家庭經驗做回顧。

●發生（創造）與自己的經驗做自我對談的機會。

●透過小團體分享，在講述和傾聽的過程中，擴大對家庭關係的認識，培養對家庭開放坦誠的態度。

二、學習方法與步驟

●小團體學習法，三到五人一小組。

●分享家庭作業二十到三十分鐘。

●團體省思、互動與回饋指引二十到三十分鐘。

●參考冥想演練的第三步，透過「我訊息」話術，促進成員之間的互動與回饋。

家庭作業（二）

　　家庭是一個規則管理（rule-governal）體系，家人會以有組織的、重複的形式彼此互動。這些規則影響了家庭成員

的行為，體會個人行為不僅是受個人需求趨力或人格特質決定。規則在家庭生活中多數是隱藏性質。

　　請依照下列家庭生活的不同面向，列舉你的家庭生活規則：

● 飲食和食物

● 金錢方面

● 感受情感方面

● 性和性別

● （遊戲和工作）家事方面

● 對家人和對外人（在內和在外）

● 身體碰觸方面

● 私產方面

● 祕密方面

● 表達方面

有關家庭生活規則的進階探索：

一、目的

● 透過家庭作業的完成，開始用「系統」的視框看待自己的原生家庭經驗。

● 發生與自己的經驗對談的機會

● 透過小團體分享，在講述和傾聽的過程中，擴大對家

庭生活系統的省思和沉澱，建構家族治療師視家庭為一整體單位的眼光，而不僅是個人的存在。

二、方法與步驟

● 小團體學習法，三到五人一小組。

● 從下列十二個題目中，挑選出四個題目，進行小組討論，然後進行大團體分享、發現、省思和回饋。

● 接著，再挑出四個題目，重複步驟2的分享討論。最後，再針對最後剩下的四個題目，進行分享討論。等於將十二個題目分成三個階段完成。

討論題目：請在你的三人小組裡，和伙伴分享你的家規。分享重點如下：

● 你家有哪些家規？

● 每項家規想要達成什麼目的？

● 每項家規背後隱藏了什麼重要的價值觀？

● 誰在強化這個家規？如何強化？

● 你對各項家規產生什麼感受？你對自己的感受有什麼感受？

● 這些家規影響你對自己或對別人的看法嗎？

● 這些家規影響你對自己或對別人的期待嗎？

● 你若要改變自己的感受、看法、期待或渴望，會不會

認為這些規則需要改變？

　　● 你如今已經轉化了多少家規？你如何做到的？

　　● 現在還有哪些家規對你仍然有掌控力？你會怎樣減低你為遵守這些家規所付出的代價？

　　● 在你的生活中有哪些規則是你考慮要放開的？

　　● 有哪些規條是你已經接納成為你的一部分，不打算改變的？

家庭系統觀的橫向面看法

　　角色扮演（Role Play）、家庭舞蹈（Family Dance）和家庭雕塑（Family Reconstruction），是我常用來培養家族治療師的家庭系統觀和動力觀的方法。這可以幫助家族治療師對當下的家庭互動過程產生最初的橫面向看法，之後還要加上家庭生命史和家庭溯源的縱向面看法，整合建構而成初步的治療目標。這樣的一系列經驗過程是家族治療師的入門訓練。

模擬家庭（一）：角色扮演

一、目的

● 學員在**口語行動**中投入角色，自我的體會覺察。

● 提升學員對家庭為一整體動態關係的觀察力。

● 增強動態語言描述的能力。

● 整合認知、情感、行為的整體學習。

二、學習方法與步驟過程

● 小團體學習法，三到五人一小組，行動組和觀察組互換輪替。

● 各小組成為模擬家庭，自發商議角色和家庭壓力事件。

● 行動組演出三到五分鐘，外團體為不參與的觀察組。

● 內外團體互換，觀察組轉為內團體，描述剛才演出的家庭動態關係，相互回饋和討論；行動組轉為外團體，聆聽。

● 觀察組討論完後，由行動組分享角色扮演的心得，並回饋觀察組的討論。

● 行動組與觀察組互換，重覆方才的練習。

模擬家庭（二）：家庭舞蹈

一、目的

● 學員在**非口語**行動中投入角色，自我體會和覺察。

● 提升學員對家庭為一整體動態關係的觀察力。

● 增強動態語言描述的能力。

● 整合認知、情感、行為的整體學習。

二、學習方法與步驟過程

與上述「角色扮演」的第一節進行步驟相似，**唯行動組要以非口語的移動身軀或肢體接觸，來演出家庭壓力事件。動作進行宜緩慢，讓感覺帶動身體的移動。**

● 全部過程都是非口語，將現場視作家的空間，由這個家的首要角色先在家的空間，站出一個位置和方位。

● 其次，另一個家人以慢動作移動自己到可以表達與對方關係的位置和方位，動作越慢越好。

● 每一個成員的移動都有可能影響另一個成員，重新調整和移動位置，因此家庭關係會呈現連續移動的畫面。

● 全程進行大約三到五分鐘。

● 當所有參與者觀察到這個家庭的互動模式和家庭關係時，就停格。

● 分享討論時，引導行動者整理自己的經驗時，宜先從直覺性的感受開始，澄清當下的感覺，例如心酸、疏離、抗拒……等等。

● 其次討論這個家的結構面，例如父親缺席，或兒子取代父親的位置…等等。

● 討論功能面，例如：溝通模式、角色、關係、氣氛、界限、權力、價值觀、家對外面的看法……等。

● 觀察家庭功能時，應考慮這個家庭生命發展到什麼階段，以判斷其功能是否符合家庭階段。譬如在養育幼兒階段，看到媽媽在中間，爸爸站比較遠。但是已屆退休期的家庭（如第四章成媚的故事），爸爸媽媽分據兩端，孩子卡在中間，就顯示家庭關係的訊息。家庭發展生命史之階段與功能，請見第十四章。

模擬家庭（三）：家庭重塑

家庭重塑是薩提爾發展出來的心理治療系統介入方法，將案主的原生家庭內部結構，透過身體的雕塑來表達，如人與人的距離、臉孔朝向的方向、溝通的姿態、位置的高低等，可以避免文字語言的累積，也可以避免敘述事件時的長篇累贅。當主角將家庭裡的視覺、聽覺、感受、關係等內在經驗用具體畫面呈現，是非常直接又有力道的表達。它不一定和外在現實符合，卻**關聯到主角的日常經驗和自我評價，是屬於他的主觀感受和內在現實。**

一、目的

● 呈現主角主觀感受到的家庭關係全貌圖。

● 幫助主角覺察在這關係中自己的對應行為模式。

● 引導發生主角心中期待的行為、口語和行動化的互動過程。

● 整合主角認知、情感、行為的整體練習。

二、學習方法與步驟過程

● 經過角色扮演的口語互動和家庭舞蹈的非口語互動歷程之後，行動組應用薩提爾提出的四種溝通生存型態，來建構呈現家庭雕塑。同儕之間可以輪流做主導者，相互比較或修正個人的主觀圖像（這是初階學員的經驗）。

● 進階學員則可以嘗試在大團體前，帶領主角演練家庭

雕塑。

　　● 不論初階或進階學員，都可以應用下列引導句，引導主角走一段過程。例如：

　　1.你對自己在家裡這樣的存在姿態，感受如何？

　　2.你對雕塑圖畫中，爸爸（媽媽、哥哥、姐姐、弟弟、妹妹……）的身體姿態感受如何？

　　3.請爸爸（媽媽、哥哥、姐姐、弟弟、妹妹……）表達他們的感受。並詢問主角，在聽到別人的感受後，有什麼心理反應？

　　4.詢問爸爸或其他家人在圖畫中看到主角的姿態，感受如何？

　　● 詢問主角想對家裡的哪一個人，表達自己對他內心的渴望？（可以身體靠近對方，彼此牽著手，用口語表達或非口語表達。）

　　● 問家裡每一個人希望這個家怎麼樣一起生活？

　　● 回到現實裡，家裡可以有什麼行動，從一個狀態改變為新的狀態？

　　● 分享與回饋。

　　1.雕塑裡的角色做角色分享和回饋。

　　2.觀察的觀眾做自我分享和回饋。

　　3.專業技術分享和回饋（放在最後）。

　　原生家庭經驗是一個人身－心－社會－靈性系統的基礎，對我們人生的學習和成長都有重大影響，值得我們反覆地咀嚼和發現。透過角色扮演、家庭舞蹈、家庭雕塑，可以幫助家族治療師迅速掌握家庭的互動模式。例如，經過角色扮演後，我如果發現媽媽是家庭動力最重要的角色，我會問，這裡如果是家庭空間，媽媽站在哪裡？那爸爸站在哪裡？也許爸爸就站到門邊去了。孩子會站哪裡？靠近媽媽或靠近爸爸？還是站到另一個角落？身體動作是朝外還是朝內？每個人的位置確定以後，你的感覺是想要靠近？還是遠離？

　　對華人家庭來說，最常見的情況是，媽媽會想靠近兒子，因為她想透過兒子去接近爸爸，但她一移動，整體能量就牽動，所以兒子也會移動，他會接受媽媽或是想要離開？兒子動，女兒也會跟著動。他們動得越慢越有體會，讓內在的動力引導身體，大家動來動去的結果，最後可能會糾結在一起，或疏離獨自站在外面。透過具體圖像，可以清楚看到家庭動力的過程。

第十章　家庭溯源

> 我的家庭溯源讓我對自己生命的傳承有更深入的體會。
>
> 爸爸這邊像棵大樹，媽媽這邊像一條龍。

　　家庭舞蹈和家庭重塑是對家庭動力橫向的理解；相對地，對家庭生命發展史的了解，則是案主及家族治療師對家庭縱貫面的看法與視框。家庭的存在有其發展歷史和脈絡，不僅只看當下。同時，可以進行家庭溯源，對家庭歷史展開縱向探索。

　　家庭溯源的第一步是畫出三代家庭圖，藉此追溯家庭裡三代人的生命故事，把歷史、經濟、社會文化等時空背景，加上個體的生命歷程和選擇，做一整體觀的理解。每一個家庭的故事，都是台灣社會的一幅小型縮影。

李文豪的家族故事

週日的工作坊，我們要準備進行「家庭溯源」的歷程。當我詢問有誰願意擔任示範案例，文豪立刻舉手，接著還有其他四位學員也陸續表示願意。我看到文豪手上握著全開的白報紙，紙面上透出馬克筆的字跡，原來，他昨天晚上已經預先畫好了家庭圖。看來，今天的機會非他不可。我邀請他將畫好的家庭圖貼在黑板上，然後請他舒服地坐在圖的對面。

「你希望從溯源看到什麼？」我問。

「我想看看自己的生命與我的原生家庭有什麼連結。」他說。

於是，我請他根據眼前的家庭圖，開始敘述他的家庭故事。

他是台南縣新營人，祖父出生於1920年，生下五個孩子。文豪聽媽媽說，祖父母婚姻關係冷淡，沒什麼話講。祖母約六十多歲過世後，祖父愛上一位寡婦，從此搬離家與那位女士住一起，一直到八十幾歲過世為止。媽媽顯然對祖父的作為很不以為然。

文豪接著提到父母的婚姻關係也不好，母親懷疑父親在外面有女人。他爸爸一直在台北工作較少回家，但是每個月都固定將薪水交給媽媽，媽媽很會理財，購屋置產，所以很有錢，而且她會嚴格控制父親的零用錢，以免父親把錢花在

外面的女人身上。就和他的父親一樣,文豪從小就不斷聽到媽媽的許多抱怨和指責,文豪同情身為職業婦女的媽媽要獨自一人帶大三個孩子,辛苦掌管家裡的內內外外各種事務。

從文豪的言下之意,我感覺到文豪對母親的心情滿複雜的。我說出這個感想之後,問他:「我們先一起來看看祖父的成長歷程好嗎?」

祖父1920年出生在日治時代的新營,當時的日本殖民地台灣剛從零星的對抗事件中得到安定(1895年日本軍隊進入台灣),教育、醫學、鐵道、台糖、台電及嘉南水利開發等工程正在建設中,並且推動台灣皇民化。1937年中日戰爭爆發,1941年日本發動太平洋戰爭,開始徵用台灣軍伕。祖父當時大約二十歲,不知是青年的熱情、謀生的困難,或當時的戰爭氣氛所趨,他決定接受應徵遠赴南洋,在槍林彈雨、蚊蟲密佈的熱帶叢林中,看到多少戰友的死亡,或許也曾痛苦受傷,是否也曾恐懼絕望?擔心著能否保住這條命,何時才能回到家鄉與家人相聚?

1945年日本投降,二十五歲的祖父回到台灣,不久結婚,在台糖擔任技佐,微薄的收入很難養育四個孩子,他希望孩子有好的未來,所以決定再次離開家鄉,到非洲參加農耕隊。當時他已三十九歲,文豪的爸爸大約十歲。我提醒文豪:「你現在三十幾歲,不妨想像一下,當初祖父出國到非洲工作,已經快四十歲,體力開始下滑了,卻為了家庭和子

女，要向未知的遠方出發，到艱苦的異鄉隻身奮鬥。我想那是要鼓起相當勇氣才能夠面對的，這是一個有擔當的男人，負起家庭責任的一份心意。養育兒女需要錢！」

說到這裡，我看到文豪掉下了眼淚，同學們遞上面紙給他，也有人跟著默默拭淚。長期以來，文豪都以媽媽的眼光看待祖父，對祖父多有批判，我試著提供不同角度的解讀。

我猜想，一個幸運躲過生死戰爭危險經驗的人，進入太平盛世，或許會感到特有的寂寞，因為他的經歷別人無從體會。他後來又離開家人到非洲六、七年，快五十歲才回家。經過多年的疏隔，他對這個家可能是非常陌生的，他的生命經驗，家裡沒有人了解，那個年代的人也不會主動溝通，就這樣同處一個屋頂下，可能太太和孩子都無法接近他。但是，他堅毅地履行了丈夫和父親的職責，他的四個孩子半工半讀都完成大學。妻子過世後，他不顧親戚的背後閒言閒語，與那位寡婦同居終其一生。我問文豪，祖父努力面對生命的各種挑戰，一肩承擔起男人的責任，算不算一個顧家而又敢想敢愛的人？

文豪若有所思地說：「我們家的男人都很顧家，都像工蜂一般地生存。」我心裡想，這就是自然界的規則，是多麼美好的一個比喻啊！但接著他就談到父母的關係令他感到相當難過。

我引導他想像當年爸爸和媽媽相遇的樣子。媽媽是六個

兄弟姊妹裡的老大，外祖父擔任台糖小公務員，一份薪水要養六個孩子，所以管控子女十分嚴格，尤其會要求長女處處要帶頭做榜樣。文豪的爸爸當初就是看上媽媽很會照顧人，做事認真又負責，是很會顧家的好女孩。兩人大學時代同校不同班，媽媽每次赴約會時總是帶一票人，爸爸打工賺的錢不多，只好打腫臉充胖子請客，讓媽媽有面子，她覺得他是聽話溫和的好男人。結婚後（1973），為了生計夫妻不得已分兩地工作，爸爸在台北上班，不久升任總經理，有時忙得隔很長一段時間才回家一次；媽媽在南部教書又帶三個孩子，母兼父職，常有許多抱怨。當時台灣社會充滿未知數，先是退出聯合國（1971），蔣經國擔任行政院長（1972-1979），台灣十大建設吸收外資，經濟外貿大幅發展，黨外活動開始活躍，接著台美斷交、中美建交……台灣在風雨飄搖中經歷各種巨變，文豪的家卻在變動的大環境和父母的保護下，讓子女三人都可以穩定求學和成長。夫妻兩人雖然經常在婚姻中吵吵鬧鬧，但是卻分別以自己的方式，努力鞏固著這個家。

　　當文豪放下角色的眼光，而願意用「人」的眼光來看待父母的生命歷程，心中浮現許多溫馨的回憶。

許東杰的家庭溯源

下午四點半，我準備回飯店休息，東杰問我，可不可以看看他的家庭圖？我想了想，問他：「我回家後再看，可以嗎？」他同意了。

下面是他敘述的日記式文字，楷體字是我的回應。我再度感覺，家族溯源會帶給個人人生的意義和力量。

* * *

星期六晚上七點下課後，帶著老師指派的家庭溯源功課回家。今天的功課是花兩個小時畫出原生家庭圖史，作為星期天早上上課的材料。花了些時間分別把爸爸和媽媽的原生家庭圖畫出後，我發現我可以清楚地寫下爸爸這邊每一個家人的名字，包括爸爸的五個兄弟、親生和領養的各一位姑姑、堂表兄弟姊妹，也可以記得媽媽這邊大部分家人的名字。原本想要再把家庭圖的草稿整理得完整一點，但實在沒有多餘的力氣，所以閉上眼睛，讓家庭圖在心中停留，感受所有的家人。我可以如此鮮明地記得每一位家人，最主要的原因是，在我成長的過程中，我和這些家人都有長時間的親密互動。

東杰，我看到你的三代家庭圖，一則感動，一則讚賞！

你竟然列出了九十位家人，當中又能寫下六十六個人的名字，是從祠堂的家譜翻出來的嗎？不，我相信你除了有驚人的記憶力之外，我會想你與家族的根源有特別深厚的連結，對你有意義的聯接，意味著家族的包容、歸屬和尊重。

家族中最主要的人物當然是爺爺（阿公）。阿公出生在民國前五年，曾祖母在和姓洪的曾祖父懷了阿公之後，被姓蔡的曾祖父強娶入門，之後生下阿公，所以阿公姓蔡。但在曾祖母的堅持之下，她離開了蔡家，和姓洪的曾祖父在一起，之後又生下了幾位叔公和姑婆。（曾祖母的堅持，是表示對自己情感的誠實？還是環境的壓力所迫？還有其他冥冥中家族能量的安排嗎？）但阿公在蔡家和洪家都沒有人要，很小的時候就要自己謀生，所以十幾歲就隻身從澎湖渡海來台灣打拚（阿公十幾歲就有想法為自己的生命做選擇，不畏懼、不逃避，那是他與生俱來的智慧、覺知、負責和勇氣）。他曾經在嘉義的磚窯廠當工人、在旗津造船，用辛苦的勞力討生活。和阿嬤結婚後生下五男一女，而阿嬤是阿公的表姊。他們把親生的姑姑出養，又領養了親戚的女兒當養女。撫養六個孩子再加上曾祖母（這裡又看到家族的包容、歸屬和愛。曾祖母離開蔡家回到當初的洪家後，她又生了幾位洪家的子女，你的爺爺是洪家的長子但姓氏是蔡，十歲後從蔡家回來在洪家有段特殊的處境，他成年後不念既往扶養

媽媽直到最後，阿公的包容和愛，將蔡家和洪家的精華流聚在一起，我想這是人間一直留傳的美麗故事），阿公常常形容他的辛苦是「十根手指要養九個人」。

阿公在我兩歲時就過世了，我對阿公的印象只有兩個。其一，阿公很高大，很有威嚴，有一次大我兩歲的哥哥在我們家屋子旁邊玩火柴被他發現了，他把哥哥痛打一頓，很生氣地說：「你要把我辛苦一輩子留下來的房子燒掉嗎？」。另外一件事是，阿公偶而會牽著我的手，帶我去買零食，現在想起來，那是一種很悠閒輕鬆的感覺。（你會如何形容阿公的人？會用什麼形容詞？你感覺得到他的人也是你的人的一部分嗎？）

阿公的事蹟，都是從爸爸口中聽到的，我記得非常清楚。對我有深遠影響的，是下面的故事。阿公在年輕的時候學過武術，而且是硬底子的鐵沙掌，但他平時並不會讓別人知道。他在磚窯廠工作時，廠裡面有一位武術師父在下班時會教廠裡的員工練武術，阿公也跟著一起練。練了一段時間，外面來了一位武術師父要來挑戰，意思是要廠裡的師父不可以再教了，大家都要改向他學，繳學費給他。廠裡的師父一聽到消息就嚇得要趕緊解散大家，不想惹麻煩。但阿公要廠裡的師父不要慌，不要急著解散大家，對方來時他會想

辦法，師父只好聽他的。到了約定的日子，對方聲勢浩大地來到磚窯廠，要向廠裡的師父挑戰。阿公這時候就出面跟對方說：「我是我們師父的小徒弟，和師父學了一段時間，今天就先由我來為大家演練師父教的一套拳，請各位師父多多指教。」阿公照著師父教的拳路打了一趟，但加了力道，打來虎虎生風，並且在最後一式劈破了一張木頭圓凳。阿公一打完，對方就落荒而逃。廠裡的師父和同事都不知道原來阿公這麼厲害，當然很感謝阿公為大家解決了這麼大的麻煩，師父還希望阿公可以接下教大家武術的工作。阿公回答說：「我這麼做是為了大家可以繼續在師父的帶領下鍛鍊身體，如果換成我取代師父來教大家，那我就和外面來的人沒什麼兩樣了。」（阿公的故事，再度呈現他的智慧、勇氣、選擇、謙虛和尊重）

爸爸國小一畢業，就在阿公的要求下接手家裡的腳踏車店（是不是爺爺、奶奶的晚年，主要是你爸爸一家照顧的？阿公感受得到爸爸有凝聚家族的特徵）。正值發育期的他，每天蹲在地上修腳踏車，常常為了拆卸車胎而手指破皮。他就在心中對自己說：「將來絕對不要讓我的孩子做這樣的工作。」所以在我們的求學過程中，爸爸媽媽只要求我們兄弟好好念書，其他的事情都先不要管。而且他們也會盡所能提供不受干擾的讀書環境。爸爸常常對我們說：「如果是出勞

力搬重物，我還可以幫你們，但是讀書就只能考你們自己了。」我們兄弟都還算是會讀書的料，在父母的支持鼓勵和我們的努力下，都完成了醫學系的學業。很感謝父母的栽培，也很感激老天給了我們不錯的頭腦，才能在這麼激烈的升學壓力下存活下來。（祝福）

我總覺得，我們家的男人都要努力工作養活家人，給家人安全穩定的生活，同時還會共同維護整個家族，彼此緊密地結合。這在爸爸、四位伯父和所有的堂兄弟身上都可以清楚地看到。這是我十分珍惜，同時感到驕傲，並且想要繼續延續下去的（是的，你清楚）。阿公和爸爸在我看來，就好像巨人、大樹一樣，撐起這個家，保護這個家。看到老師和同學一起探索他的家庭，當同學重新以一個人的方式認識他的祖父時，我可以感受到他的激動。讓我自然地也想要重新以一個人的方式認識阿公，而當我這麼做的時候，頓時覺得阿公這個巨人變得更大了，而我會以身為這個家族的男人為榮。（是的）

中午有一個特權和老師用餐，順便分享了我的感動。老師順著我的思緒，把注意力轉到媽媽這邊的家族。原本一直以為我只受到爸爸這邊家族的影響，但當想到其實我和表兄弟姊妹的感情也都不錯，才發現我也深受媽媽家族的影響。

媽媽的家族和爸爸這邊有一個很不同的地方，雖然媽媽家兄弟姊妹間的感情也都很好，但是男人承擔家族責任的重量就少了很多，這可能和外婆比較強勢有關。

　　外婆是很特別的人。我一歲以前因為太會哭鬧，被送到外婆家照顧。我太好動，外婆為了追我而傷到了腳，所以我有記憶以來，外婆走路都是一跛一跛的。外公過世後，三個舅舅陸續搬到台北，只留下外婆一個人自己住在高雄，最後她70歲左右賣掉高雄的房子，買了台北阿姨家樓上的公寓三樓，也搬到台北住。我大學三年級暑假時，外婆因為心臟衰竭而住進馬偕醫院內科病房，當時在馬偕實習的大哥正好照顧到外婆，大哥說外婆的病情嚴重到無法平躺，每晚都是坐著睡覺。有一次醫院發病危通知，所有的舅舅、阿姨、表兄弟姊妹能到的都到了，大家集合在病房內外。外婆靜靜地坐在病床上，辛苦緩慢地呼吸，若有所思。大家安靜了一段時間，終於有人開口問：「阿母，妳在想什麼？」過了一會兒，外婆說：「我在想怎麼還不斷氣？」這時候，有一個阿姨在病房門口擤鼻涕，外婆聽到了很生氣地說：「我都活到八十幾歲了，妳在哭什麼！」事後，那個阿姨很無辜地說她只是感冒流鼻水，不是在哭。後來外婆病情好轉，出院回家休養。那天我做完學校的實驗，傍晚到阿姨家，表妹說外婆剛吃了一些餅乾，正在睡覺，我就先在阿姨家休息。不久，

表妹下樓說，外婆沒有反應了，我上樓確認外婆已經在沒有人的打擾下安然地離開人世。（外婆的智慧與豁達，是不是增添你家族的資產？）

和老師的談話，讓我發現媽媽這邊家族陰柔的力量、機動性以及生命的韌性，這是一直存在我身上、但卻沒覺察到的特質。一個人出國時，我可以很機動地安排許多行程，並且很自在地和外國同學做朋友。原本以為這只是爸爸這邊家族安定的力量，原來還有媽媽這邊家族靈活的力量。

我的家庭溯源讓我對自己生命的傳承有更深入地體會。爸爸這邊像棵大樹，媽媽這邊像一條龍。

阿公赤手空拳來到台灣，成功地養活了一家人，爸爸努力地栽培我們三個兄弟都當醫生。從求溫飽，到更輕鬆的生活。而我可以在這樣的條件下養育自己的女兒，或許我可以更有彈性地讓女兒選擇成長的方式，同時讓她們也了解並珍惜從我這邊而來的生命傳承。（謝謝分享，吳記 2012/05）

附記：老師提到阿公、阿嬤在生命末期會選擇和么子住在一起，表示爸爸一定有關心人柔軟的一面。

＊　＊　＊

透過家庭溯源，治療師和案主可以達到三個目標：一、更深刻認識家庭的縱向脈絡，此時，你已不是單獨一個人的存在，而有「原來我是這樣來的，原來這就是我的根源」的家族脈絡意識，以更大視野來了解自己和家庭；二，對於家庭的「人－時－空」會有更多的想像力和探索興趣；三，會對自己和家庭賦予新的意義，例如，文豪本來對於「身為男性」感到很無奈，覺得男人的生命就像一隻工蜂，只是忙忙碌碌地工作賺錢養家，好沒意思。但是，當他追溯了祖父和爸爸的人生之後，我告訴他：「我很高興你這樣解讀，這跟大自然的道理是符合的，工蜂的目的是幫助母蜂建立一個家，讓一代又一代的生命延續。就像你祖父和爸爸所做的一樣，所以才有今天的你。」他聽了一愣，陷入思索。但願他看得到男人對待家庭的單純心意和承擔能量。

第三部

過程、系統、發展

生命的更高境界,

是要穿越太極、黑與白的二元對立,

體會到無極的境界。

無極就是本體,本體是大自然一直存在的,

不少不多,不增不減,沒有來去生滅!

人透過這些生活中的對立和欲望體會靈性的境界。

這就是身心靈成長的歷程吧。

第十一章　助人的有機過程

> 回歸人性的自然，
>
> 強調人與人的連結，
>
> 及真心的互動。

　　這個章節提出助人工作有機過程的概念。首先對「有機」、「過程」兩個概念做一簡要說明，其次提出「過程」和「內容」的區分概念，最後列舉助人工作有機過程的十項特徵。希望有心學習的人有所體會後，還是需要自己的親身演練和接受督導的歷程。

　　「有機」和「過程」兩個概念，呼應了前面章節不斷強調的「全人」視框、「整體性」的存在現象，以及「互動」、「共構」的看法。助人的有機化是指回歸人性的自然，人與人的連結（I & You），有別於人與它（I & It）的關係，強調心與心真實的互動，不要因為物化和角色化而失去人味。

從「內容」轉向「過程」

觸發人的成長，最有可能的途徑是從「過程」，而不是從「內容」；催化互動過程要比追問內容更有影響力。所謂內容係指事件發生的事實（WHAT），催化過程則是去觀察和了解事件發生時，隱藏的互動模式如何影響事件的發生（HOW）。助人者需要了解兩者，始能在行為改變上做有效的介入，才會增加質變的可能性。

回想當我自己還是新手的時代，只會在內容上詢問與回應，得不到訊息時會心慌意亂，太多訊息時就更慌亂。一旦學習從內容轉向過程，縱橫的立體眼光逐漸增加，便開始進入人時空整體面的了解。

為了讓讀者深入了解過程vs.內容，進一步做下面的對比敘述。

注意過程的人，溝通型態會不同於只注意內容的人。例如丈夫晚歸，太太問：「你怎麼這麼晚回來？！」（問WHY）先生回應：「有事呀！」這時，兩人的互動就是在內容上打轉。如果太太轉換說話的方式：「發生什麼事情嗎？（問WHAT）我好擔心（我對你的訊息）耶！」這時，兩個「人」的深層互動關係就較可能發生。

過程內容	內容
● 是表達事件順序的內容	● 是描寫事件的語言
● 動態的，詩中情感的流動	● 靜態的，詩中的文字
● 縱線的、深度的、立體的	● 橫線的、表面的、平面的
● 有時間性的流動、有連續性、有步驟性	● 了解過程的附件、資訊、事件
● 包括情境、關係、意義、感受、氣氛	● 屬片斷的
● 全部的看法	● 部分的看法
● 敘述動力的語言、敘述團體的語言	● 流水帳、大事記、敘述個人的語言
● 對內在深層的行為改變較有驅動力	● 對內在深處的行為改變較少驅動力

　　如何把焦點從內容／問題解決，轉向促動改變的過程？這就牽涉到話術的練習。**在夫妻和家庭層次來說，可以將問題的焦點轉移到互動面上；在個人來說，可以將問題轉到個人的內在心理過程。**

　　下面試著用治療師介入的句子來觸發讀者的體會和覺察，如何從事件的內容適時轉向過程。例如，在夫婦會談的層次上，夫妻的互動模式冰凍已久，一旦開口就是相互指責數落對方讓自己多麼生氣和失望，或者對方如何在某件事情的處理上大錯特錯等等。這時，治療師可以透過下列話術，

帶動案主的轉變：

● 「我聽到你們彼此在婚姻期待上有落空，歷經失望和生氣。我正想知道你們之所以決定來此，是希望你們的關係要怎麼樣改變呢？」

● 「我欣賞你們兩位嘗試解決問題的方法。」

● 「我欣賞你們兩位所付出的努力。」

● 「淑文，對兩個人一起商量做決定，妳的想法是什麼？」

● 「你感受到你們兩人的關係裡，另一半認定只有你應該負起責任？」

● 「你覺得家裡大大小小、裡裡外外，包括你們之間的關係，都要由你負起責任？」

● 「我想核對一下，你想從他那裡獲得更多支持，這是你的意思嗎？」

● 「我聽到妳兒子尿床的問題，而妳不喜歡你丈夫處理的方式。我同時也聽到你在和丈夫的關係上，曾發生別的事而讓妳感覺受傷了。」

● 「你倆都認為需要多些在一起的時間，但要如何應用在一起的時間，這是一項新課題，我建議你倆現在討論這個新課題，怎麼樣？」

● 「我聽到你們對關係的認定是有『承諾性』的。」

● 「我聽到你們兩人都相當知道如何滿足自己。」（雙

方彼此互相指責對方自私。）

● 「所以妳丈夫在這點上有高標準。」（太太埋怨丈夫的苛責過度。）

在家庭系統的層次上，治療師要能看到家人言語一來一往互動中的潛在訊息，將它們提升到檯面上來，讓家人在一起時共同聽到，感受到被第三人確認和肯定，例如：

● 「成媚，妳全家人的出席，給我的想法是：一家人都希望大家相處多一些快樂，少一些痛苦。那麼，今天請家裡每一位都表示一下，你現在關心家裡的哪個人？哪一位想先說？」

● 「我聽到你們一家人為了等大家到齊才開飯，這表示家人的凝聚力很高哇！可是每個人的生活時日表不一樣，會不會有叫不到一齊開飯的困難？」（長女有厭食症行為，次女正值青春期叛逆行為。）

● 「我們這個家除了憲明以外，有沒有其他人知道要把自己的感覺說出來是一件滿可怕的事？」

● 「我想我們都有走過青春期，十幾歲的時候與父母之間的心理抗爭，是不是和憲明現在的經歷很相似？」

● 「我肯定你們的家庭為了這件事所付出的努力和痛苦。」

● 「憲明，每個人都有自己的看法，那麼你對媽媽剛剛的說法，你認為如何？」

● 「淑文，妳聽到松齡認為女生要負責家庭關係的和諧，妳的看法如何？」

● 「惠玲，妳已經聽到家裡每個人說出他們的希望；那麼，妳的希望是什麼呢？」

● 「你看到爸爸媽媽相處得不好，對你的影響是什麼？」

● 「你的意思是不是說，你擔心兒子沒有說出他的感覺？」

● 「你現在這段話的意思好像是說：你認為一個好男孩要『說到做到』，這是不是你的意思？」

● 治療師：「柏文，你要你的兒子成為怎樣的男人？」

父：「我要他成為負責任的人，能夠擔當家庭的責任，這就是為什麼我看他在家裡什麼事都不做時，就會吼他。」

治療師轉向母親：「淑文，妳要妳的兒子成為什麼樣的男人？」

母：「我要他將來成為好的父親、好丈夫，可是我不認為向他吼叫是個好方法。」

治療師：「所以你們兩個希望兒子變成什麼樣的人的目標是相同的，但是怎麼教育他往目標前進的方法和想法是不一樣的。」

助人工作有機過程的特徵

以上例句綜合了「助人工作有機過程」的特徵，摘要如下：

● 運用「過程性」（process）的語言，有過程性的眼光，說出來的語句對互動和彼此關係的影響力會不同。

● 能夠感受關係的存在。

● 有引導案主情緒的過程；過程是屬於案主的。

● 有引導案主探索的過程；過程是屬於案主的。

● 有引導案主接觸自己、探索自己的過程。

● 治療師能檢核自己、接觸自己的情緒，視自己為資源，能夠靈活地運用自己的能力，轉化並催化過程。

● 能夠加入案主的過程，亦能適時抽離過程。

● 有引導案主明白他自己的期待／目標的過程。

● 案主的過程是核心，治療師要放空（治療師是要放鬆、清醒、與己親近、內在空間大）。

● 治療師和案主有連結感，又彼此保有個人主體性。

● 治療師的契機在此時此境（Here and Now）共振出個案的正向能量，發生新的經驗。

治療不是面對面坐下談話時才開始；重視過程的治療師，會從人與人的最初相遇，如電話交談、進門相見打招

呼、坐下來的空間安排，透過每個細節創造案主／案家朝向
準備改變的可能性和機會。當助人者清楚自己加入案主的過
程，便會警覺自己和案主間的界限是否有糾纏，又可自由地
從過程抽離，如同有一個分身在外面觀察，這就是助人者工
作時的界限感。這個分身會區辨眼前的過程可能有三路正在
動態進行中：一是案主的過程，它是主軸；二是助人者加入
案主的過程；三是助人者自己內在的過程。後兩者的進程中
若能夠亦步亦趨融和到案主的過程時，工作中的能量便會循
環不息，產生有意義的過程。

加入過程，引導過程

　　過程需要有人推動，人的推動力量怎麼出來呢？這就要
從怎麼樣與人接觸、怎麼樣培養一致性的溝通，及常與自己
親近著手。

　　助人者和案主／案家如同在一條河流中游泳，為了要讓每
一個相關成員自動下水游泳，助人者會適時加入過程流，隨相
離相自由進出，一方面傾聽案主的訊息，近距或遠距陪伴，隨
順著案主的過程走；另一方面要幫助案主導向、面對事實。**人
不是活在道理裡面，而是活在自己的意義裡面**。這個意義是什
麼？助人者可以透過加入過程來協助案主找出意義來。

　　**「我看到、我聽到、我感受到、我想到」，都是加入過
程的起始句**，也是我一再強調的從「人文氣象報告」和「我

訊息」的話術練習起，逐漸朝向一致性。新手上路運用這些句子時，很容易掉入自己的陷阱，因為此時的助人者看到的是自己心中的害怕、得失、對錯，那是反映自己，而不是反映案主的狀態。自己的內心有雜音時，較難對案主的現象自由地看，自由地聽，自由地感覺。能夠與案主案家產生真正的接觸時，治療師自己也會感受到真實的動力，知道自己看到、聽到、感受到了。

滋潤過程是提升自我價值感的力道

上述示範的例句中，有不少句子都在確認人的安全感，讓人感覺自己有價值。在會談互動中注入希望感，相信人人各有資源，能夠聽得到案主具備資源的證據，並確認、肯定資源的存在，對案主的努力、勇氣、受苦等事實的肯定支持和欣賞，都是滋潤過程的示例。

改變有階段性的過程，不是一蹴可及

人類改變的過程有其普同性，此過程是有階段性的。催化成長可從自己的內在介入著手，**改變自己的內在規則，與自己的資源連結**。首先就是要滋潤自己，接觸自己的感覺、渴望，溫暖地連結自己，與自己做朋友，而不是與自己對立。以溫暖和了解來軟化自己防衛受創的心，學習與自己內在的小孩對談。

一、要調整限制自己的內在規則，因為它們會阻斷自己和資源的連結，例如僵硬的規條、不切實際的期待、不當的角色順從……等。

● **內在規則**：發問是令人討厭的。

調整：有時候我可以發問，我可以選擇和判斷。我希望把事情弄清楚。

● **內在規則**：順從才會討人喜歡（潛在的假設：有人管制我們）。

調整：有時候我可以不順從，我能夠選擇，我有權利選擇。

● **內在規則**：我要表現完美，別人就會肯定我。

調整：有時候我可以不完美，有時候別人不會肯定我，這沒關係。

● **內在規則**：我不能輸人（潛伏信念：優勝劣敗，我一定要贏過別人）。

調整：有時候我會輸人，有時候我會失敗，這是很正常的。

● **內在規則**：身為母親，我必須隨時隨地把小孩的事放第一。

調整：我可以視狀況來滿足家人的需要。有時候我先滿足小孩的需要，有時候我先滿足自己的需要。我能夠選擇。

189

我可以彈性調整。

有些家庭規則禁止家人去看、去說、去感覺、去要求、去冒險。在家庭會談中，助人者會邀請成員多看、多說，以經驗完全的自己。透過去看、去聽、去感覺，說出自己所看見的、聽見的和感受到的，並且鼓勵家人彼此發問，為自己的需要去發問、要求及冒險。

二、改變不適當的角色，修正不實際的期待

有的家庭互動會演變出不適當的角色和期待，例如，要求兒子隨時隨地要給媽媽支持；事實上，兒子「有時候」要支持媽媽，而不是「隨時隨地」都要做到。或是要求女孩子講話、舉手投足都要規規矩矩，這也需要修正，彈性一點：女兒有時候可以不必中規中矩。或者是女兒角色變成妻子的角色：爸爸需要時，我要在他的身旁，如性亂倫的個案，孩子成為父母衝突或婚姻悲劇下的代罪羔羊。這是父母之間的關係，要由父母直接面對、自己處理、彼此交談，不要隨意把孩子捲進三角關係裡。

配偶之間或雙親之間彼此的問題，卻轉移到對子女有不當的期待，或子女自己產生錯位而對雙親之一有不實際的期待，此時治療師會在信任和尊重的氣氛關係中，引導案主看見自己的不當期待，放下心中的悲傷和失落，再運用資源及其他可能性來正向滿足自己內心的渴望。如此，才可以讓兒

子回歸到兒子的角色，不需要代替爸爸來體貼媽媽；讓女兒回歸到女兒的角色，不需要為了照顧父母而犧牲自己的婚姻，可以放心去追尋自己的親密愛情。

配偶之間要建立適當的角色和期待，就要真誠和一致性的溝通，例如，「我跟你說話時，我很需要你回應我。」「我希望你跟我說話的方式，要尊重我，不是指責我、命令我。」治療師也可以引導雙方看見自己的慣性和盲點：「你的討好會令人覺得你很體貼、很會為別人著想，但你也有能力想想自己的需要嗎？你會詢問對方的需要是什麼嗎？而不是一廂情願地決定對方的需要？」

三、打開視野，接受新的想法和做法

家庭失功能之下，不當的角色、期待和規則，會把一個人的想法變得有限，很容易產生外在歸因的心理機制，將一切衝突和痛苦都歸因於他人及外在環境，忽視自己所擁有的能力、資源和權力。治療師引導案主打開新的眼光，修正內在心理規則，運用資源，讓自身力量甦醒，為自己的生命學習和努力。

通常，我們可以透過行動學習法（或稱為經驗學習法），幫助案主回溯過去的家庭事件，把慣性模式的想法和感受，透過家庭重塑的過程，產生新的看法和想法（敘述於後）。

四、更新感覺，要把感覺放在此時此刻

人們的感覺會帶出情感，感覺若是停留在過去的情境，

情感也就停留在過去的印象裡；若要解放過去的情感，就一定要把感覺帶到現在，面對此時此刻，當下看、聽、說，這樣才有可能將正向能量解放出來，成為當下動態的能量。具有正向動態感受，就會滋潤我們的身心。

例如：過去有被父母背叛的感覺，使案主不容易相信別人，或者從小家人皆冷漠疏離的經驗，使得案主進入婚姻後依然重覆溝通不良的模式。現在，案主可以透過成熟的自己跟過去的自己對話，釋放悲傷的能量；也可以跟過去的父母對話，達成和解，讓新的自我誕生。

家人之間的生氣，常常與過去的經驗有關，卻在此刻爆發，所以脫口而出的話語往往是「你每次都這樣……」生氣常包裝著人的脆弱和渴望。透過此刻的生氣，可以循線找到過去傷痛的線索，繼而改變彼此的對待模式，讓類似的情況不再發生。

五、新行為的學習

有時候，治療師也可以從行為面介入，幫助案主學習新的行為模式。以薩提爾的四種生存型態為例，新行為的學習如下：

● 討好者：練習經常問自己的感受是什麼，練習說出自己的需要。

● 指責者：練習設想別人的立場，猜想別人可能有的感受。

● 超理智者：練習說出對自己想法的感覺，以及詢問別人的感受。

● 打岔者：練習分享自己看到、觀察到的家庭互動。

六、改變系統

改變家庭系統是家族治療的任務之一，透過經驗性的活動讓家人了解家庭系統。例如用家庭雕塑的方法將觀察到的家庭互動，參考生存姿態、利用空間距離的遠近、用頭部或身體朝向不同方位，雕塑出家庭互動的樣貌。之後由家人重新安排他們喜歡的位置，並邀請家人在新的位置上表達彼此一致性的訊息，嘗試良發良接的溝通。

經驗學習法

經驗學習法又稱為行動學習法（如圖1），是學習行動中的知識和靜默知識的重要方法。通常，這張圖示掛在教室牆上，提醒我們隨時注意動態循環的過程觀。

這個理論最早是由教育學者薛恩（Schön, 1983, 1987）所提出，強調學習者必須親自參與實做，在行動中求知（knowing-in-action）和在行動中省思（reflection- in- action）的學習歷程。透過這樣的動態學習方法，學習者在行動中不斷對自己的表現或回饋（feedback）進行思考和反省，據此不斷修正自己，而獲得許多無法言傳的靜默知識（silent knowledge）。

根據這個圖，第一步你要**參與、投入**，然後你的經驗要

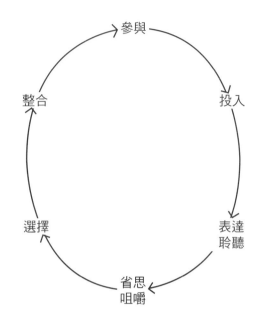

圖1　經驗學習方法示意圖

表達出來。表達時，可以運用「人文氣象報告」和「我訊息」的話術，因為我們華人講自己的經驗時，很容易好像在講別人一樣，跟自己內心感受是疏離的，所以要用人文氣象報告的方式來練習跟自己接觸、跟自己講話，這是一個關卡。表達方式經過一段時間的訓練之後，就會很不一樣。

華人學生還有一個常見特色，就是很多人會缺少與自己相關內在經驗的省思咀嚼 reflection 的階段，所以我們教學時要特別加強這個地方。因為西方人較偏向個人主義，從小

到大的全套教育訓練都在強調每個人要獨立思考、要做出判斷、要勇於表達自己、要為自己選擇並負起責任；而我們的教育卻需依賴權威，要別人來告訴你正確答案，這樣比較安全有保障。所以，當華人學員用這樣的學習模式做了表達之後，我問他，從這樣的經驗中看到自己什麼？他們往往說不出什麼來。這時候，我會鼓勵他們繼續自己去思考答案，希望這種經驗學習的思考系統在個人的生活中覺醒。

「老師，我為何在說話的那一刻會全身發抖？」當學生這樣提問，表示已經開始在省思咀嚼，我會鼓勵他們繼續探索自己。「這個發抖是帶給你什麼訊息？」「這發抖的脈絡怎麼發生的？」「經過你如此接觸自己的經驗，有發現什麼嗎？」「試著用氣象報告的方式與我分享好嗎？」過程是要慢慢來的，急不得。有的學生發現自己心中隱藏著憤怒，知道自己其實有時候並不是那麼乖順的人，是有反抗心的，我就跟他討論，他要如何看待自己的憤怒？想要如何處理？討論到最後，有的時候有的人會**選擇**接納自己，我們問他為什麼，他回答：「我願意擔當！」並且將這個資源**整合**到新的自己身上，然後**再次參與、投入、表達、省思咀嚼**，一小片一小片地循環流動，這是充滿動態的學習過程。

經驗學習法可以從圖上的任何一個點開始，就像生活和生命，沒有所謂起點和終點，而是不斷循環，彼此帶動。我很鼓勵學員熟記這張圖示，把它內化，隨時檢查自己此刻在

哪裡，處在什麼樣的狀態。對於接觸自己和了解自己，這是很好的工具。

人的改變過程，剛開始有一種普同性的需求，就是感覺到被接納，一種不被批判的經驗，這會影響案主也開始接納自己、對自己有興趣，內在能量逐漸出現。每個人都擁有改變的能量，只是當事人往往不知道。建立信任感、安全感，就是心和心的連結。一旦發生連結時，他不再是被動地回答問題，而是主動的訴說者和傾聽者，內心的想法、感受、矛盾、害怕、失落與脆弱，會逐漸敞開。

＊　　＊　　＊

一位愛麗小姐在婚後仍然不斷幻想著前男友，內心騷動不安，深感自責。她目前過著人人稱羨的生活，先生事業順利，家境優渥，兩個可愛的女兒像一對小公主，在貴族小學就讀。她與前男友維持著合宜的友誼，有時候她先生工作上遇到狀況，還會叫她去找前男友諮詢請教。前男友已離婚，目前單身，她跟他維持著工作上的接觸，愛麗本來認為在這樣的關係中，可以維持最完美的平衡關係。聰明的她當然明白其中的得失和風險，但這樣的三角關係禁不起一段時日，她無法克制內心的種種遐想。她來到我面前，不斷譴責自己「不知足、貪心、矛盾、喜新厭舊」，卻也澄清自己絕不是「水性楊花」的女人，對自己充滿焦慮與困惑。

我問：「妳對前男友的幻想，主要是什麼情節？」

她說：「就是昔日在一起的快樂時光，共同出遊的種種回憶。」

我問：「那妳現在跟先生一起出遊，有什麼不一樣嗎？」

「現在跟先生在一起，是不同的幸福感……」她陷入深思。

我跟她一起回溯當初跟前男友分手的過程。當初兩人分手，是前男友主動提出，因為她理性上明白自己的個性安定平穩，絕不是浪漫才子型的前男友所適合的伴侶。當男友主動提出分手及分手的緣由時，她心裡還是非常受傷，憂鬱低潮了半年多，才重新振作起來，找到安頓自己的道路，認真地把學位念完。後來，她遇到現在的先生，兩人共同建構起來的家是她夢寐以求的生活。

「所以，妳的幻想可能是當初被動分手時的黑洞未完成的事件，繼續浮現……」

她沉默著，但臉上表情似乎若有所悟。

我繼續說：「妳說過自己『貪嗔癡太重』、『喜新厭舊』，用這些語詞批判自己；但從另一個角度看，這些特質是否也是一種生命的動力在呼喚妳，需要有一個更建設性、創造性的平台來展現自己呢？」

經過諮商後，愛麗小姐對自己有了新的發現，也有了新的決定：等小女兒的學校生活穩定後，她要積極去加強英文能力，為未來的人生創造新的契機。

第十二章　家庭是一個自然的社會系統

家庭不僅是一群人的集合體，

它是一個自然的社會系統。

　　家庭不僅是一群人的集合體，更是一個自然的社會系統。居住其中的人發展出一套規則、角色、權力架構、溝通方式、協商及解決問題的方法，以便共同完成各種生存任務，如經濟、養育、情感、保護、社會化等功能。

　　系統運作有其規則（rules）和界限（boundary），系統改變時會經歷混亂、轉型、重組等普同的發展過程（process）。除此之外，每個系統都存在於更高層級的體系中，例如家庭系統會受到更廣泛的社會文化體系影響（Bertalanffy, L. von, 1968）。

　　「家庭是一個自然的社會系統」這樣的觀點可以提醒我們觀察：眼前這個家庭的系統有什麼特徵？個別成員的行為

和他所屬的家庭系統之間有什麼關係？家庭中不同的次系統有什麼特徵？它們如何影響個別的家庭成員，使之成為一個整體的家？家庭系統就譬如一部車，由許多不同零件（個人特質）組合而成，家裡的每個人各有不同的特質、需求、成長階段，要相互截長補短，形成一套運作系統以維持家庭生存。這個組合系統是否能滿足每個人的需求？這是家人生活在一起最值得關心的事情。

精神科醫師唐・傑克森（Don Jackson）指出家庭是一個規則管理的系統，家庭成員以有組織的、重複的形式彼此互動。這種重複的互動行為中，有著隱藏規則的運作，所以發現系統運作的規則就成了治療介入的重點之一。例如夫妻生活在一起，有許多任務要謀合：金錢管理、家務事管理、親職、性愛與親密關係、公婆、親戚關係、社交生活等。行使這些任務處處都面臨挑戰，兩人要如何謀合彼此的權利義務？這時，社會文化觀念、各自的原生家庭體系、性別角色經驗及個人成長經驗，都會影響夫妻系統的建構。日積月累反覆互動的規則，是伴侶治療必須了解和澄清的。

原生家庭是影響家庭系統最重要的因素之一，原生家庭包括父母，甚至上一代的祖父母。我們從原生家庭學到對這個世界的看法，對別人期待什麼、如何對待別人、對自己期待什麼、別人期待我們什麼……等等態度和行為。我們也從父母身上學到家庭規則，例如「你應該……可以……不可

以……獎賞或懲罰是……」從「父、母、我」的三角關係中，我們開始發展自我認同，例如：嬰兒的生存要靠別人，所以自我的價值也是靠別人，我順從規定就會被喜歡和認可，就是有價值的。

就系統的概念來看，沒有所謂「正常的」或「不正常的」的家庭，然而有一些家庭的功能比較有效，具有較強的解決問題能力與彈性；相對地，失功能的家庭面對緊張或壓力時，系統的運轉會失效、僵化或惡性循環。

每一個家庭都會經歷家庭生命循環過程，都要面對生存及成長的壓力。納皮爾（A. Y. Napier）和華特克（C.A.Whitaker）區別三類讓家庭疲憊和掉淚的壓力：第一，急性的情境壓力，指疾病、失去工作、孩子出生、家人死亡等；第二，人際間的壓力，指家庭關係的衝突，或不一致的現象，使得家庭呈現長期不和諧狀態；第三，個人內在壓力，指個人受到外在壓力時所引起的內在衝突。從一個家庭如何面對壓力情境，可以看出這個家庭的功能高低。

Family as System：以系統眼光看待家庭

以系統眼光看家庭，有一個相當重要的概念，就是系統有階層化（Hierarchical System），且有封閉傾向。當系統的階層化和封閉性過度發展時，會有下列三個特性：

● 有人要控制（主宰），強調權威，相信只有一個對的方法，大家必須順從。

● 當發生問題時，有人要被責備，通常變成大魚吃小魚，小魚吃蝦米。

● 抗拒改變，缺乏彈性。

家庭是大社會的次系統，會反映大社會系統的各種封閉性階層化現象，如：性別不平等、權力不平等、忽視個別差異、壓抑個人獨特性等。在這種情況下，個人沒有空間對自己的特質、興趣、想法、感覺和需要做有價值的評估，容易失去主體性，包括主宰者也要放棄真實的自己來順應這個封閉系統（Closed System），因而抗拒改變、害怕改變、控制和僵硬。封閉系統會踐踏／踩下（override）個人的需求，結果家人間的態度和行為可能會出現不一致或彼此衝突的情況，甚至造成情緒和行為困擾。

但家庭也是個有機體，是由活生生的人所組成，有自己運作的方法和自主性。例如孩子要長大，或家庭成員的生老病死與分離，是家庭這個有機體發展過程的自然現象。家庭系統一方面要調適各種變化，一方面又要維持其完整性、持續性及平衡性。家族治療的介入在於協助個體與團體的動態關係，幫助家庭中的人去面對在不同階段要如何生活在一起的重整課題。

綜合以上所言，應用家庭系統的視框時，要有下列幾個重要概念：

● 系統大於個體，當家庭裡的個體出現問題時，往往等同於這個家庭系統發出了需要調整的訊號。

● 所謂家庭系統的調整，是指它的界限、規則要隨著成員的發展過程和社會環境改變而有所調整。

● 家庭系統的運作有慣性作用，所以調整過程中常見抗拒現象。

● 家庭系統有其自主性，並不是由治療師的介入即可以輕易更動。

● 家庭有其生命史，有不同的發展階段、發展任務和發展過程。

● 家庭系統有流動性的平衡作用，各部分之間會自動形成內在的平衡，包括權力的平衡，功能角色的平衡等。

這些系統概念對家族治療師的啟示在於：需要尊重家庭自身的能量，並觀察家庭關係。當兩造之間發生差異、分歧和衝突時，家庭如何面對和處理，正是啟動系統新能量或注入新能量的契機。家庭如何容許個人成長，同時又可以穩定生存？這兩者之間的動態平衡是家族治療重視的目標。

雖然系統大於個人，但系統也是由個人互動形塑而成的。個人有尋求成長的力量，當家庭系統壓迫到個人時，並非每個人都會屈服於系統。每個人生來有自己的獨特性，當個人與家庭無法和諧相處時，要讓家庭經過了解而接受這個事實，大家一起重新調整，這是一個溝通、了解和協商的過程。

家庭溝通系統

家庭系統從溝通面著手時，通常包含三個次系統的視框：夫妻之間的溝通（夫妻／伴侶系統），兄弟姊妹之間的溝通（手足系統），父母－子女間的親子溝通（三人關係）。

一、夫妻／伴侶系統

夫妻系統的運轉影響家庭系統至鉅。若夫妻的次系統可以開放又穩定發展，家庭這個大系統就會兼顧開放和穩定；若夫妻／伴侶的關係不良，「我-你」關係被「我-它」關係取代（Buber, 1958），將夫妻／伴侶當成滿足自己需求的工具，例如：「如果你真的愛我，就會幫我彌補童年傷痛」、「愛我就要聽我的」、「你和我不一樣就是不愛我」，依賴別人來滿足或修補自己內在世界的不圓滿，必然造成關係的挫折與憤怒。

在夫妻溝通中，有下列常見的幾個困境：

● **水晶球理論：**

你假設當某人愛你，就應該知道你的需要是什麼、你的期待是什麼、你的感覺是什麼，而且會滿足你的要求和心願；若沒有做到，就表示對方不夠愛你。這是不實際的想像，是嚴重的浪漫主義。

● **情緒勒索（童年幻夢的規則）**

情緒勒索者的行為常常會引起被勒索者的罪惡感。情緒勒索者常強調自己的犧牲、付出，藉此要求對方負起回報的責任，原本是出於愛和心甘情願的動機，似乎全被「義務」和「責任」所取代，失去原本親密關係裡最珍貴的甜蜜與感恩心意。「我這麼辛苦，全都是為了你，你應該要感謝我」、「我一直委曲求全，你也應該要有所犧牲」、「如果你愛我，就要證明給我看，滿足我的期望」，若抱著這些情緒勒索的信念要求對方，夫妻關係將充滿失望、指責和無奈。

● **對錯、輸贏、翹翹板症候群**

越是以隱藏和間接方式溝通的夫妻，越可能發生互動功能不良。有一種常見的型態稱為「翹翹板症候群」，也就是經常在爭執誰對誰錯、誰輸誰贏、誰佔上風誰居下風，夫妻雙方都爭著表示：「我是對的！」「我才是對的！」「都是你的錯！」「你這個糊塗蛋！」「你才是糊塗蛋！」彼此不願退讓，吵來吵去，無暇去解決問題或傾聽對方的需要。

翹翹板症候群的夫妻會公開地表示意見不同，而且各持己

見，不肯面對彼此的差異，也不直接回應對方的訊息，不願將自己的希望和對方的希望折衷在一起而尋找妥協。他們只關心自己的希望，並且以互相攻擊對方的痛處和脆弱為樂。翹翹板症候群的夫妻也不會隱瞞自己的失望感，不斷指責對方，但又不願分開，因而有**兩人被綁住和彼此歸屬的感覺**。炙熱謾罵的語氣會引來冷冷的回應；若是冷冷地送出一句，就引來熱罵，**兩人共謀爭吵的現象**。爭爭吵吵逐漸磨損兩人曾經共患難、共承擔的經驗，也損傷了雙方自我尊重的能力。例如：

妻子打開冰箱後說：「哇！西瓜壞掉了。」（餌）

丈夫：「妳怎麼把西瓜放到壞了，又在製造垃圾了！」（鉤）

妻子：「我覺得你在指責我。」

丈夫：「為什麼妳都不准別人說妳，而妳卻可以說別人。」（迫害者）

妻子難過地含淚走進臥房，並寫了一張紙條，說出自己的委屈：「西瓜是特地買給你吃的……我身體怕涼，不吃西瓜的……」（轉換為受害者）

丈夫看見字條，跑到妻子身邊抱著她說：「我只是說一下，哪有罵妳。」（拯救者）

妻子推開丈夫：「可是你的表情很難看，好像我犯了天大的錯誤。」（迫害者）

丈夫：「妳到底我要怎麼做？」一臉挫折感（受害者）

● 無效溝通與低自我價值

夫妻之間很容易出現各種陷阱，而產生僵化無效的溝通系統，例如：並未認清「有所獲得」的同時也必須「有所付出」，在施與受之間缺乏平衡；覺得自己沒有什麼東西可以提供給對方，認為自己是無能渺小虛弱的，一心只想要依靠對方；認為夫妻就要成為一體，把對方當作自己的延伸，放棄個人的成長和自主性；婚後發現彼此在多方面存有差異，就努力想把差異去除抹平，而非以欣賞的眼光來包容差異。他們把彼此的差異性所導致的衝突，視為情感的傷害，認定對方不愛自己。因為對彼此缺乏信任，當面臨某些共同生活中必須考慮到個別差異而需要協商時，就升起威脅和不安的感受。

夫妻關係中容易倚賴對方來填補自己的虛和缺，得不到滿足時，就引發失望、挫折、冷戰、衝突。夫妻的互動關係常常是共構形成的，惡性循環的互動，有如共同跳著一場悲慘的舞蹈。此時，別說如何尊重對方、尊重自己，連同最初在一起時曾經擁有的美好時光，都在爭吵中消失殆盡。

假若夫妻雙方都有足夠的自我價值感，彼此就能互相信任，學習決定何時給予、何時獲得。他們必須在目前生活中打破某些平衡，准許差異存在於你和我之間，在不破壞、不侵犯、不遺忘對方的情況下，學習肯定彼此的想法、希望、感覺和知識，而且達成一種合適於雙方的結果。當他們能發

展出具有良好功能的關係時，內心會覺得：「我想我所想的、感覺我所感覺的、知道我所知道的。我就是我，我不會因為你和我不一樣而責備你；同樣地，你就是你，我喜歡你所給予的。讓我們一起來看看能發展出哪些雙方都滿意的相處模式。」

二、手足系統

當父母衝突爭吵時，子女們看在眼裡，感受在心裡，很容易參與衝突的漩渦中，甚至扮演起調停者的角色，或是設法轉移父母爭吵的焦點。做子女的不知不覺被父母捲進夫妻系統，結果原本的手足位置混淆不清，這會影響子女的自我發展界限不明，也會造成家庭關係的糾葛不清。

手足之間也常因為父母的教養態度，以及關愛的差異程度，而出現競爭或合作行為。所以在有手足關係家庭中成長的小孩，較早學習到如何與同儕競爭、如何合作，也較容易適應學校、團體和社會生活。

三、三人關係

父－母－子女間的三角關係，是人際關係的最初藍圖。無論出生排行為何，子女都會與父母（或主要照顧者及其配偶）形成三角關係。一個人對世界的觀點、對別人的期待、對自己的期待、如何回應別人的期待、怎樣看待別人、內心的安全感、對身體的看法、是否覺得受人喜歡……等，都受

到原生家庭及上一代的影響。所以，欲了解和調整人際適應，回過頭尋找自己與原生家庭的三角關係，常會發現重要的線索。

夫妻關係對親子關係影響甚鉅。子女會感應及吸收父母的喜怒哀樂，父母對婚姻若有挫折感，很容易將子女吸取進夫妻關係裡，結果子女成為父母衝突的代罪羔羊：子女可能認同受害的一方，或捲進父母的衝突之中，而覺得被重視，然後變得自我膨脹、眼高手低、妄自托大，以為自己可以解決父母的問題。對未成年子女來說，這是註定會失敗的企圖，並且因而影響自我的成長歷程。

第一胎與父母的關係張力特別大，因為父母缺乏經驗，很容易用自身與父母相處的經驗來對待孩子，也容易出現不適當的期待，影響子女自我的成長。

人際關係中，兩人關係為基本單位，也是最穩定的。三人關係則會有干涉、聯盟、代罪羔羊、推倒你進而取代之的不穩定動力，造成人際間的痛苦、混淆與衝突。家庭的三角關係若允許較清楚的界限存在，每個人都有安全感站在第三者的位置，依照人、時空、情境、事件的移動，很容易判斷自己是當事人（兩人互動之一）還是觀察者（第三者），參與人際互動時的拿捏也較清晰中肯。

當我們接觸別人時，可以尊重他人完全做他自己，也可以尊重自己完全做我自己，我的東西就是我負責，你的東西

就是你負責，這樣的心理界限要出來，開放到哪裡則要自己去拿捏。治療的目的之一，是重建個人在三角關係下有效生活的能力，讓父母了解良好三角關係對家庭系統運作的重要性。這並非指父母之間要完全一致，不允許差異的存在，而是要學習面對差異，了解、接納和整合，有效處理差異所帶來的各種難題。

家庭溝通系統常見的失功能現象

當家族治療師跟家庭成員相處一堂，開頭很容易出現家庭成員們各說各話，誰也沒搞清楚誰有什麼需要，沒聽到也沒聽懂對方的話。治療師通常要花一段時間，讓成員之間的對話能夠聚焦。身為治療師，觀察家庭的自然互動過程時，對於無法聚焦的對話，不要假裝聽得懂，而是可以溫柔地詢問當事人：「我聽得不是很懂，你聽得懂他的意思嗎？」也可以詢問其他家庭成員，以協助家庭清楚地溝通與聚焦。

良好的溝通是指發話者和接話者之間能夠良發良接。當家人之間無法良發良接時，治療師可以適時介入和引導，用正向化的發問和重新澄清，協助家庭發生有效的溝通。

一、家庭規則

家庭溝通往往是在談論事件，都在事件上打轉，很少談到彼此內心的「感受」。有些家庭系統的運作規則是不可以談感覺，認為談感覺沒有什麼用處，或是很可怕。此時，治

療師不要讓家庭敘述事件的冗長細節，那往往是家庭系統的運作慣性，以此逃避面對問題。

治療師要適時介入，詢問他們的內心感受，進而引導大家去面對真正的問題。談事情不談感受，是系統要控制家庭穩定化，這樣的控制形成隱藏的家庭規則，影響這個系統下生活的人，壓抑、扭曲或者關係疏離而無法親近。壓抑的情緒力量成為系統下的暗流。治療師要能夠協助家人開啟談論感受的管道，觸動家人傾聽彼此的感受，來疏通壓抑的情感，進而滋潤家庭關係。

二、情緒系統

婚姻關係有三個向度：「親密」、「關係的允諾」和「解決問題」。若婚姻關係發生衝突，夫妻卻未能協商、解決或調適，造成彼此期待落空，就形成情緒壓力。這份情緒壓力若長期無法紓解，家庭會出現灰色氛圍，沒有精神，沒有陽光，低潮暗淡。

家庭暴力、酗酒、長期疾病和婆媳衝突也會造成家庭的情緒壓力，影響孩子的情感與理性發展。例如父母的溝通出現挫折，母親將對爸爸的憤怒情緒投射在孩子身上，孩子看到媽媽不快樂，很想為媽媽分擔這份苦，但又不知道媽媽為什麼生氣，以為是他自己做錯什麼事，而不斷討好、自責或抽離。這樣的經驗會影響孩子在理性與感情發展過程上的混亂，情緒很容易阻塞，或採取情緒切割。一個人理性與感性的

分化，好比依附關係上的依賴與獨立，若這兩條平行線無法平衡發展，就容易形成跛腳的情緒系統（一邊高一邊低）。

三、家庭祕密

家庭祕密常在夫妻互動過程中被掩蓋。一個家庭的祕密越多，彼此越有內傷，消耗的能量也越多。家庭會掩蓋不欲人知的事件或資訊，形成封閉系統；好處是表面看來平靜穩定，但家庭也必須要付出相對的代價。

鮑文的家庭系統概念

在家族治療的理論建構中，鮑文是最早提出家庭系統觀的人之一，尤其是「家庭情緒系統的分化」（family emotional system）。鮑文認為家庭中同時存在兩股力量，既想尋求歸屬感，又想尋求個體化；家庭成員之間既想親近、又想獨立的推力與吸力，這樣形成的家庭情緒關係系統。能夠分化為理性面和情緒面時，個體較能運作這兩種力量；反之，糾纏或壓抑都是失功能的家庭系統。理想的家庭關係是處於這兩股力量的平衡。

鮑文的家庭系統理論至今仍廣受引用。他的治療姿態和薩提爾呈現截然不同的面貌；鮑文的理論偏向認知和教育取向，薩提爾的理論則兼顧理性、感性和靈性的接觸。鮑文所強調的家庭系統概念有下列重點：

一、自我分化

所謂自我分化乃是個體區分理智與情感歷程的能力。個人擁有兩種對抗、平衡的生命力量，一是發展成情緒獨立的個體，能夠獨立思考、感覺和行動；一是驅使個人與家庭維持情感性的連結。自我分化程度越高，越能區分自己與他人、理智與情感，比較自足、有彈性，不會陷入家庭情緒的糾纏與拉扯。理智與感情並非彼此衝突，而是要追尋兩者之間的動態平衡。

二、三角關係

鮑文認為家庭情緒系統的基礎是三角關係。當兩個家人面對情緒壓力時，往往會將第三者牽扯進來，以稀釋焦慮，恢復系統的穩定。家庭融合程度越高，三角關係就越強烈、明顯，而家庭中分化程度最低的人（例如年紀較小的孩子），特別容易受到三角關係的傷害。有時甚至演變成多重三角關係，例如當夫妻之間的張力升高時，母親拉攏老么（聯盟），父親形成孤立狀態；適值青春期的老大與受寵的老么發生衝突，母親責罵老大，藉此宣洩情緒張力，老大就變成了三角關係中的代罪羔羊。

三、核心家庭情緒系統

一般人會選擇與自己分化程度相當的人作為伴侶，熟悉和相似常會帶來初期的安全感和親密感，夫妻兩人形成核心家庭的情緒系統。當家庭面臨壓力與焦慮的不穩定，形成婚

姻衝突，夫妻雙方的自我分化程度越低，越傾向於以鬥爭、保持距離、妥協、犧牲，甚至過度關心子女來轉移緊張壓力，或將焦慮、混淆、糾結的情緒投射到子女身上。這種模式通常模仿自上一代，原生家庭未完成的發展課題會重複出現，再次往下一代傳遞。

四、家庭投射歷程

家庭投射歷程係指自我分化不良的父母，將夫妻之間的衝突、混淆、糾結情緒投射到孩子身上。父母自我分化程度越低，越依賴投射過程來使家庭系統保持穩定。被吸納進入夫妻衝突關係的孩子，很容易成為家庭糾結情緒系統的傳遞者；較少受到投射影響的孩子，較能發展自我分化的功能。

五、情緒截斷

情緒截斷乃是指個人以地理空間的阻隔、心理上的疏離或自我欺騙方式，切斷與家人的實際接觸，逃離原生家庭以便解決情緒束縛。鮑文認為，如果父母與祖父母之間有情緒的截斷，那麼下一代發生類似情況的可能性就會增加。

六、多世代的傳遞過程

情緒系統延續數代的結果，使得下一代子女經過家庭投射歷程影響，會比父母的自我分化程度更低，然後子女又會找分化程度低的配偶，繼續將不成熟的情緒系統傳遞給下一代。如此循環下去，最後可能演變為失功能的狀態，如精神分裂症、長期酗酒、病態依附或暴力傾向。但這個歷程也可

能逆轉，鮑文發現，只要某個世代中有人與分化程度較高的人結婚，就可能有機會建立較成熟的家庭情緒系統。

七、手足位置

個體的人格特質和與伴侶的互動型態，會受到家庭之手足地位與出生序的影響。長子女、么子女和獨子女往往會發展出不同的人格特質。

八、退化

家庭就像社會一樣，具有未分化的焦慮情緒，而在融合與獨立之間衝突。家庭長期處於壓力之下，會減低自我分化的功能，產生退化現象，如喧嘩、爭吵、暴力、沒有目標、原地打轉。家庭需要學習在理性與情感之間有獨立自主的分化功能，才能面對事實與情境來做理性思考，又能兼顧情感所在，而做出適當的選擇。

鮑文的理論對家族治療實務工作上帶來很大的啟示。家庭是塑造健康自我分化的重要場域，治療師如何介入以引導正向發展過程，幫助案主學習新的行為和情緒模式，是很重要的挑戰。鮑文強調，治療師必須小心不被案主的家庭問題所淹沒，不要在爭論中偏袒任何一方，不要對某一成員特別同情，或對另一成員特別生氣。如果治療師融入了案家的情緒系統，或被捲入衝突的三角關係，就無法保持在家庭系統之外，也無法促進家庭成員的自我分化。治療師本身就是最

主要的治療工具。治療師必須回顧並整理自己與原生家庭的關係，不斷在自己身上花功夫，具備高度的自我分化能力，建立清楚的信念和覺知，活出一致性的自我。

第十三章　失去功能的家庭系統

努力穿越黑暗，

尋找光亮和出路。

　　家庭系統出現失功能現象，常來自家人之間互相有不當的角色期待、僵硬的規則或規則不清楚，個體生活在其中得不到滿足。失功能的家庭常見的現象如下：

一、限制的或僵硬的規則

　　家庭互動中有形、無形的訊息，說過的話語或沒說出來的意思，都是家庭中的潛在規則。在一個封閉的家庭系統中，「控制」的需求特別強烈，有人會居於主位，掌控支配權，如下圖所示：

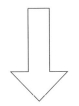

指定什麼可以接受，
什麼不能接受

家庭出現的現象

● 有人要支配，有人居主位
● 不同、差異是不好的
● 一定要抓個人來罵
● 抗拒改變

圖1　限制、僵硬的家庭規則示意圖

　　這樣的家庭生活裡常有隱藏的訊息，以及支配我們行為的規則，例如：

（檢核一下行為）

● 什麼不可以說。

● 什麼不可以感覺。

● 什麼不可以聽。

● 什麼不可以要。

● 什麼不可以問。

● 不可以評論你所看到、聽到、感覺到、想要的。

● 限制個人的自由表達。

● 壓抑自我價值，有功能的自己要減少出現、隱藏和壓抑。

● 「應該」的信條顯著，內化成個人的「生存假設」（survival assumption）。

為什麼這些限制的、僵化的規則會深化到家人的內在系統呢？

● 因為在家庭中生存，每個人都想要有歸屬感。

● 欲獲得家人的允許和認可（尤其是父母的允許和認可）。

● 害怕失去家人的愛（尤其是父母的愛）。

● 擔心被父母放棄。

● 擔心自己的生命會死去。

舉例來說，一個人小時候有生氣的感覺時，可能學習到下列的內在生活規則：

● 完全不可以表達，生氣是不好的。

● 什麼情境可以表達？什麼情境不可以表達？

● 對什麼人可以表達？對什麼人不可以表達？

● 有的家庭裡是某些人可以有爆發式的表達，像是動手或使用侵犯性、攻擊性的語言。有的家庭系統沒有情感交流管道，所有感覺發生時都要壓抑。在這種情況下生活，必然導致家人的連結感降低，感到失敗與挫折。

限制和僵硬的規則視「差異」為不好的，而不去了解差異是什麼？為何有差異？一昧地命令、指定、抗拒改變，規定家庭成員什麼可以看、什麼可以聽、什麼可以感覺、什麼可以說或不可以說。「看、聽、感覺、說」都是人的資源，是接收與發放訊息的雷達，在僵硬的家庭規則下卻被過度規範和限制。此外，僵硬的規則會產生不一致的溝通、防衛性的溝通、角色的溝通，而非人與人之間的接近。這些規則使家庭成員形成僵化的生存假設，從不懷疑或發問，「我就是我」（I am me）的自我認同力量因而未被允許發生，自我的獨特性也被貶低，較難啟發個人自尊和自愛的能力。

二、不切實際的期待

在家庭系統中，不切實際的期待可能存在於夫妻之間，也可能發生在親子兩代之間。不切實際的期待往往是一種投射，希望對方扮演某種角色和功能，滿足自己的需求，卻不願承認對方是個獨立的個體，有自己的獨特性和自主性。

有關婚姻中不實際的期待

● 期待配偶成為自己的父母，過去由父母處得不到的情感，轉向配偶索求，期待配偶能滿足自己在早期生活未完成／未滿足的需求。

● 重複童年的創傷，例如母親一直不喜歡孩子，使得孩子深藏著被拒絕的感覺，長大後在關係中就很敏感於伴侶會不會喜歡自己，甚至認定自己不被愛，而使用施暴／攻擊／控制／被控制的行為來獲取被愛，希望與人產生連結。

● 偏執地喜歡／想要跟伴侶一致，不容許差異。

● 女性有錯誤的角色學習，認為女人就要委曲求全，滿足男人的價值感。

● 男性有錯誤的期待，認為妻子要隨時隨地支持自己，否則就是不愛丈夫的表現。

● 將自己不能接受的情感或行為，投射到伴侶身上，並加以責備、懷疑、妄想。例如父親在孩子童年時有外遇行為，孩子同情並陪伴母親，似乎成為母親的替代伴侶（不當角色）。孩子成年後自己有外遇的衝動，投射成懷疑妻子有外遇，經常生氣，爭吵不休。

親子間不實際的期待

● 父母努力栽培子女，過度地把子女的表現當成自己的成就，而有強烈的得失感。

- 父母自己曾經有的成就，要求子女也要有對等的表現。
- 父母自己沒有達成的夢想和成就，期待孩子要去實現。
- 父母給孩子的，都是為孩子好，做子女的要欣然接受。
- 期待孩子來解決父母的苦難，讓孩子扮演父母的角色。
- 將孩子當作救生艇，用來拯救夫妻之間的關係。

綜合上述，夫妻之間的不實際的期待，往往跟僵化的性別角色（例如男主外、女主內、男尊女卑、男剛強、女溫柔）、未被滿足的心理需求、童年的缺憾和創傷有關。

親子之間的不實際期待，則往往來自父母不知道子女的成長需要，而投射了自己的意願和缺憾，例如：要求子女表現超過他們能力所及的；或希望子女不要長大，永遠當自己的乖寶寶；或期待子女光耀門楣、傳宗接代、功成名就、孝親順從。甚至，子女會被期待擔任父母的拯救者，來解決父母的難過與傷心，此即為「父母化的小孩」（parental child）。

在家庭互動中，妻子保持低調並委屈求全，小心翼翼呵護丈夫的自尊；或者孩子看到母親掉眼淚，急著想要安撫父母的情緒，都是很動人的畫面，背後隱藏著珍貴的家庭情感。但身為家族治療師，還是要適時地引導家庭了解：這是怎樣的互動？為何會形成這樣的互動模式？是否有別的選擇，讓每個人都可以真實做自己？如何調整彼此的期待，創

造彼此尊重的界限，讓家庭更符合每位家人的福祉和成長需求？家族治療就是要讓規則和界限更有彈性，讓家庭更活潑開放，宛如一個大容器，可以容許有個別的獨特性（有個人之間的界限），又能在人性的共同需求上，充分地達到人與人的親密連結（界限之間有進出交流）。

有關界限在系統運作上的功能，如下圖所呈現：

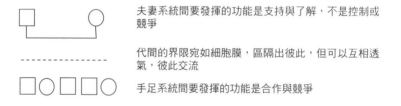

夫妻系統間要發揮的功能是支持與了解，不是控制或競爭

代間的界限宛如細胞膜，區隔出彼此，但可以互相透氣，彼此交流

手足系統間要發揮的功能是合作與競爭

圖2　界限在系統中的功能示意圖

從家庭生命發展史的角度來看，在子女成長階段（亦即養育幼兒、養育學齡期兒童、養育青春期孩子這三個時期），親職系統要特別強韌。尤其子女尚未成年時，親子系統間要發揮的功能，最需要的就是了解、支持、教養與紀律。父母所扮演的親職角色，同時兼具三種面向：老闆面、同伴面、教師面。很多父母往往只忙著要教導規矩，忘了有些時候也要陪孩子玩樂，扮演朋友和同伴的角色；有些父母

則相反，只顧著跟孩子玩，口口聲聲說要尊重孩子，卻忽略了身為教導者的責任；還有一些父母，忘了自己是家庭的供養者，聽任孩子發號施令當老闆，讓自己權威盡失，任憑孩子騎到自己頭上。這些都不是功能良好的親職系統。老闆面、同伴面、教師面，這三個臉孔要如何拿捏平衡，是家庭父母的挑戰，也是親職系統必須發揮的功能。

到了空巢期和退休期家庭，親職系統的功能弱化，家庭又回歸為夫妻系統，要經營兩人世界的親密呵護、互相扶持照顧、彼此接納了解的伴侶關係。夫妻雙方若能順利從親職功能回歸到伴侶功能，就可以安心邁向老年，享受快樂的黃金歲月。

三、低自我價值感

自我價值是個人賦予自我本身的價值感，也是對自己的愛與尊敬，無關乎他人的看法。一個低自我價值的人，會常常經歷焦慮與不安，並過度關心別人對自己的看法，這種依賴別人的狀況，將嚴重影響其生活。自我價值低不同於感覺低潮；一個人有時候可能會感覺很沮喪、傷心或絕望，但不會長期如此，這並非低自尊。若一個人長期經驗到無價值感、無力感，並且害怕去認知這些感覺時，就該好好認識低自我價值感這個問題了。

低自尊者常經歷到自我拒絕、自我不滿意、自我輕視及自我貶抑的感受。在生活中，低自尊者會過度焦慮，怕自己

做錯、怕不被喜愛、容易生氣。因對自身的低價值感，對任何回饋皆十分敏感而難以接受，覺得別人都認為他不好。或者感到自責、罪惡，認為自己應該做得更好卻沒做到，因為而感到歉疚，最後可能因為自我放棄而感到憂鬱與無助。低自尊者也可能以過度追求完美來補償低自尊，或者讓自己變得脆弱、容易受傷害，那麼別人可能就比較會溫柔地對待自己，或不會對自己有太多的期待，因為期待少，失敗的機率也就小。

在失功能的家庭系統下，個人存在著低自我價值感，防衛性的行為模式成為其生存的動力，用來維護自尊和防衛環境中的威脅感。所以個案想維護自尊和防衛威脅感時，常用不一致的溝通型態，即是防衛性的溝通型態（生存的姿態）。

我發現，很多人很容易把低自尊掛在口頭上，輕易為人貼標籤，好像任何人只要有情緒困擾或人際問題，就是低自我價值感。其實，低自我價值感的經驗每個人都會有，只是健康的人不會讓這種感受持續太久。薩提爾一再強調，當一個人前來尋求諮商時，治療師最重要的工作，不是急著去解決對方的問題，而是如何讓案主的自我價值感可以透過跟治療師接觸而重新恢復平衡，那是與人接觸很重要的一步。當一個人的自我價值感達到流動式的平衡，他就可能運用自己的資源和力量，找到解決問題的方法。

所以，低自我價值感不是用來形容問題所在，而是一種

動態的現象。當然，對於功能喪失或缺損的家庭系統而言，低自我價值的現象一定存在，這也是我們觀察家庭系統功能的一個重要指標。

四、患者（IP）的出現

當家庭系統失去應有功能時，通常會有一個被認定的患者（identified patient, IP）出現。「患者」是醫學用語，在此借用，是為了表示這個人的身心情緒、態度行為或人際關係出現問題，跟家庭系統的失功能有關。

在家庭系統中，夫妻系統是重要的。當夫妻之間出現問題，如果家庭中有小孩，夫妻就很容易把孩子牽引進來，形成三角關係。例如當夫妻之間有一方感覺自己被忽略，或對彼此關係缺乏信心，就會透過小孩來滿足自己的需要，期待小孩取代失職的配偶，扮演體貼的傾聽者和陪伴者，成為與自己站在同一邊的支持者，擔任父母之間的傳遞消息者，或扮演夫妻關係的救星（如父母的開心果）。三角關係使得夫妻之間得以轉移焦點，逃避面對親密關係的困境，但情緒壓力可能轉移到孩子身上。長期下來，夫妻系統和親職系統的功能都可能產生扭曲，而孩子則化身為家庭裡的IP，宛若一面鏡子，反映出家庭功能的缺失和損傷。

也因為如此，當家族治療師進入家庭時，父母會出現潛意識的防衛，不斷將焦點放在孩子身上，來強化IP的問題，或想要複製三角關係的模式，期待與治療師聯盟，藉此迴避

夫妻之間真正的議題。

● IP是誰？

從IP的出現，或IP是誰，可以幫助我們辨識這個家庭系統的功能出了哪些問題。

有些孩子是明顯的IP，例如體弱多病的小孩，自然成為家庭關注的焦點和重心。有些IP是家庭裡的代罪羔羊，例如私生子或前任婚姻留下的孩子，很容易成為家庭系統中不被接納的邊緣人。有些IP以調皮搗蛋的黑羊姿態出現，例如惹是生非的問題青少年，以及不斷賭博、酗酒、外遇的問題成年人，他們藉個人的問題以投射家庭裡潛藏的憤怒和不滿。

IP也有可能是家庭裡最乖巧、最順從、過度壓抑自己的善良白羊，例如一肩承擔起家庭責任的偉大母親，或者犧牲自己以幫助弟妹完成學業的大哥、大姊。他們一直默默扮演委曲求全者和付出者的角色，可能不會得到家庭太多的關注，直到有一天身心出現狀況，大家才意識到這位隱形IP的存在。

有的家庭裡會有某個小孩，一出生就停留在IP的角色，例如身心殘障的孩子，誕生之後就為家庭帶來負擔和痛苦，或者被焦慮自責的父母過度保護。如果父母的注意焦點都集中在障礙兒身上，其他健康的孩子很可能受到忽視，而變成另一個IP，製造各種麻煩來吸引父母注意。有的IP角色是由幾個小孩共同分享，例如孩子全部是女生（或全部男生）的

家庭，所有孩子都共同承受到父母的失落情緒，為了彌補情緒動力的平衡，全女兒的家庭中，可能會出現男子氣概較強的女兒；反之，全是兒子的家庭，則可能出現一位較柔軟細膩的男性。有的家庭會用傳遞法，原本甲孩子是IP，到了另一個階段，乙孩子變成IP，例如每個孩子一進入青春期，就成為父母的焦慮來源。有的家庭則是由不同孩子同時做IP或輪流做IP，例如在夫妻失和的爭戰中，一個孩子靠近爸爸，一個孩子同情媽媽，兩個孩子同時承受著父母雙方的情緒拉鋸，陷入被一方拉攏、同時又被另一方指責的選邊站情結中。有些孩子則是捲進婆媳爭吵的兩代權力鬥爭之中，成為媽媽和祖母爭奪拉攏的對象，變成左右為難的第三代，甚至爸爸也會加入戰局。

● IP的感覺

成為IP角色者經常有矛盾的感受，一則覺得無助（自我犧牲／自我放棄／無所適從的感覺），一則覺得無所不能（習慣成為目光焦點／可以兩邊討好而驕傲自負／成為拯救者的英雄主義）。但IP真正的內在聲音是低自我價值感與自覺無用，這種感覺常被雙親不斷強化，貼上「壞孩子、孽種、沒用、不聽話、不知感恩」的標籤。而IP也常會出現各種狀況，使父母疲於奔命，或凸顯家庭系統的無能與無效。有的IP會透過困擾別人、影響別人或使別人受困，而感覺自己是重要的、值得被注意和被接納的，這是一種弔詭的心理遊戲。

有IP現象出現時，不妨探測家庭功能的失衡在什麼地方？有的IP較明顯出現訊號；有的IP較隱晦。治療師需幫助案主放下IP角色，以健康的方式重整自己。

* * *

家昌是一位擁有高收入的會計師，他因為憂鬱症服藥，但不見好轉，所以邀請太太陪同他前來諮商。

他看起來很斯文，有點拘謹。父親是鄉公所職員，年輕時很有抱負。當初隨著十萬青年十萬軍獨自離家來到台灣，一路輾轉流離，全靠自己求生存，後來娶了台灣太太，在一個鄉下公所上班，過著平庸日子但心中有許多不平。案主是家中的獨子，從小背負了父親未完成的宏大志向和人生期許，同時又是母親的寶貝兒子。

他很想要自由自在地生活，卻一直活在父母的期許下，乖順地求學長大。

經過逐步的會談，他漸漸透露自己大約六、七年前有了外遇。這是他生平第一次做出逾矩的事，讓他覺得意興風發，充滿男性氣概。他的假設裡認為擁有漂亮情婦是成功男人的象徵，但是內心又自責不安，對妻子兒女充滿歉疚感和罪惡感。最近三年以來家昌的工作業務停滯，主管對他的壓力加上女友的焦慮症，令他愈來愈沮喪。他想跟女友分手，但對方不肯放手，他不知道該如何處理，怕惹出麻煩而影響

工作，又怕太太和孩子知道。他不斷懊惱譴責自己的荒唐，內在充滿了強烈衝突和痛楚，潛意識地選擇用憂鬱症的身心症狀來呈現。

我轉頭問太太：「六、七年了，妳真的不知道嗎？」

家昌的妻子低著頭說，其實她都知道，但一直不敢開口問。她拿起手帕忍不住掩面大哭。他們結婚快二十年了，兩個女孩都很優秀，是擁有良好基礎的一個家庭。我看家昌手足無措，便建議他：「你可以靠近太太，抱抱她。」他的手一伸過去，太太就情緒崩潰地痛哭出聲。感受到太太如此深沉的痛苦，她多麼渴望在家昌的懷裡痛哭！家昌頓時也傷心地哭起來。

「妳心裡害怕什麼？」我問太太。

她大哭著說：「我很害怕他會說他不要我了。」

先生可以親耳聽到太太講這句話是非常重要的，他會知道當他外遇時，太太除了生氣、懷疑、受傷，她的心裡還有這麼多害怕和恐懼，擔心他不要自己、擔心他要放棄這個婚姻、這個家。她不敢發問，是因為逃避著不想面對自己害怕的災難來臨。她講出來之後，家昌知道她的在乎，似乎也鬆了一口氣，因為他也非常害怕太太不原諒他、這個家庭不要他。他不斷反省說，他有一個錯誤觀念，以為有了紅粉知己更可以證明男性氣概和功成名就的威風。他的強烈自責，就碰觸到他憂鬱症的核心。

我問太太：「妳先生發生這樣的事情，妳可以接受他嗎？」

太太看著先生，一直掉眼淚，夫妻兩人的淚水裡有許多情感的流動。最後，她點了點頭。

我又轉頭問先生：「你太太可以接受你，那你可以接受自己嗎？」

他僵在那裡，遲遲無回答，似乎不肯原諒自己。我跟他確認：「你覺得這是生命中很大的汙點，你無法原諒自己？」他痛苦地點頭。我又問：「類似這樣你無法原諒自己過錯的情況，以前是否曾經發生過？」

這時，他回憶起小時候，因為看到別的孩子在吃冰棒和吃糖果，他沒有零用錢買不起，但又很渴望，就去偷媽媽錢包裡的錢，結果被爸爸痛打一頓。他覺得自己的貪吃和偷竊是莫大恥辱，非常糟糕，讓他非常羞愧，兩個傷痕在此刻結合在一起。

「你現在回想起來，看到自己小時候，那個偷錢想去吃一根冰棒的小男孩，你怎樣看待？」我問。

他非常嚴厲地批判自己：「可恥！」

我心想：好幾十年前發生的事件，家昌仍然在心中責備自己，看起來是用不放過對自己的憤怒，來逞男性氣概嗎？該如何幫助他放鬆好呢？

我微笑看著他說：「可是我覺得這個孩子好可愛，小小年紀為了想要吃一根冰棒，願意冒這麼大的險，表示他有勇

氣、有感受、會表達、會察覺。你認為呢？」

　　他很驚訝地看著我，臉上的線條也漸漸放鬆。他從小就一直要求自己當一個完美的、不會犯錯的、沒有欲望的、爸媽老師都認定的好男孩，所以成年後嘗試冒險一下，後勁還是滿大的。現在，這件緊身衣可以鬆開一些了。

　　下次再出現的時候，他整個人都不一樣，穿著顏色鮮明的POLO運動衫，講話聲音變明朗了。夫妻前來諮商，會有說有笑手牽手走進來。他從自己的生命故事裡學習到放掉長期以來的完美主義和自責。過去六、七年間，他對家庭的疏離冷漠，讓孩子們也很不滿。他與我分享自己如何重新面對女兒，以及女兒對他的距離感。我鼓勵他勇敢回歸到「一家之主」的角色，不要再缺席，太太也很願意支持他。我很感謝這對夫妻給我機會共享他們的生命歷程。

演練：陪伴案主／案家穿越黑森林

　　配偶之間常常因為生活的重複和壓力，很容易共構負向的互動，並不斷重複這種模式，兩人共構惡質化的歌曲。當彼此有覺察、又有意願尋找改變的時候，建議進行下列的演練活動：

一、分享：正向交流

　　輪流欣賞對方，告訴對方他的優點，例如外表、兩人一

起外出時的舉動、對方的看法、價值觀、態度，或親子的對待方式等等，用「我訊息」的方式表達（參考第七章人文氣象報告裡的我訊息例句）。而且每次互動，限制只講一樣欣賞對方的優點，以避免訊息重疊而稀釋語意。

二、練習如何做反應

覺察自己的情緒上來時，吸一口氣，停頓下來問自己情緒的背後，是不是自己已經做了負向的解讀？是不是自己要主動發問一下，澄清對方的意思是什麼？

● 發問。如何發問？「你的意思是……」

● 核對。把所聽到的對方的說法，做摘要發問。「這是不是就是你的意思？」然後說出自己的觀點、看法。

● 需求的澄清。「你想要的是什麼？」

● 學習差異的處理。澄清差異的所在，可能處理的方式。1.了解學習接受。2.討論、協商。3.放一邊，再想想。

三、增加對自己身體的覺察

覺察自己在壓抑什麼？說出自己想要的是什麼，以提升自尊（參考第七章）。

在撰寫這個章節時，我想起許多曾經相遇的失功能家庭，心中湧起一股沉重與憂傷。身為家族治療師，我們無可避免地要傾聽一個家庭最深沉的苦惱，要跟隨家庭成員進入他們心中最憤怒無助的黑暗角落，這是助人工作者必須不斷

穿越的旅程。突然，我的腦海裡浮現一座黑森林的意象，幽暗森林中，似乎有一隻潔白的兔子忽隱忽現在竄動。這個意象又讓我聯想起中國老祖宗的太極圖，有黑有白，黑中有個小白點，白中有個小黑點，宛若一個圓球在轉動。

記得有一回工作結束後，我習慣性地打開收音機，愛樂電台傳來灰暗、緩慢、沉重的交響樂旋律，正如我的疲憊。當我正想關掉收音機，音樂卻逐漸轉向明朗、活潑的快板，彷彿穿越黑暗之後，看見天光。此時，主播的介紹引起我的注意，他說莫札特的父親曾經告訴這位天才神童：用音樂表達人生時，有陰暗沉鬱的音符，也有明亮輕快的音符。身為音樂家，必須能夠穿越黑暗絕望，走向喜悅和生命力的樂章。我當下聽了，有很深的感觸和體會。

身為助人工作者，我們經常陪伴案主走進負面情緒的黑森林中。這時，家庭的能量就像被困在太極圖的黑色地帶，治療師的工作則是想辦法引導案主一步一步地摸索，催化那隻白兔的動能，努力穿越黑暗，尋找光亮和出路，讓家庭太極圖開始旋轉，黑白兩端產生流動，讓案主看到黑中有白、白中有黑，黑與白都是人生真實的一部分。家庭系統重新調整之後，不再固著、困頓、停滯和僵化，新的契機就有可能誕生。

不久前，我跟女兒聊天，聊到這幅黑森林的意象。女兒的休閒活動是學瑜伽，所以聯想到《勝王瑜伽經》的說法：

造化勢能有悅性、變性和惰性三種力量，藉這三種力量創造出宇宙萬物，也就是這個大千世界。就是這股造化勢能的力量推動生滅，與不生不滅、不增不減的靈性能量結合。她笑著說：「我們的悲傷痛苦常是惰性能量所主導。原來妳的工作，就是要讓人們從惰性能量這一邊出發，轉化到悅性能量那一邊去啊！」

我回首看自己生命的旅程，發現自己心境隨著年齡不斷在轉化，了解如何穿越黑森林。每個人都是一個太極的存在，都有陰陽兩面，黑森林是陰面，但陰中有個白點。一個人只要不斷接觸自己、不放棄自己，一段時間之後，總會有靈光一現的力量出現，讓你從陰暗中跨越出來，會在白中感謝走過的黑，在黑中相信白的存在，陰陽轉動，生命逐漸趨向完整的方向。

至於生命的更高境界，是要穿越太極的黑白二元對立，體會到無極的境界。無極就是本體，本體是大自然一直存在的，不少不多，不增不減，沒有來去生滅！人透過這些生活中的對立和欲望體會靈性的境界，這就是身心靈成長的歷程吧。說多了，就有慚愧感湧上來，因為自己懂得太少，所以寫得太長了。

第十四章　家庭生命發展史

有人消失，有人移位，有人誕生。

生命就是這樣循環不息。

　　個人生命有發展史，婚姻和家庭「生命」也有發展史。不僅要了解和尊重人的獨特性，也需要了解人類生命發展的共同現象。為了幫助了解，可以將家庭生命發展史劃分成不同階段，每個發展階段都有各自不同的任務；值得注意的是，這些框架只是參考架構，不能僵硬地套在所有個體或家庭身上。評估的眼光若只看個人而忽視了共同體，很容易落於見樹不見林；反之，若漠視個人的獨特性，就看不到這個活生生的人的存在。個體的存在與共同體的存在，都是同在的整體性的一部分，**「人是生活在情境之中」，整體性的眼光能幫助我們了解到家庭現象複雜變化當中的生命主題脈絡。**

　　生命的感覺很珍貴，那是由一連串看得見的活動和看不見的活動共同交織而成。生命是「有機體」的存在，是連續「發

展」、「學習」和「轉型」的複雜過程和現象。治療師會如何看待案主／案家的生命，和他如何看待自己的生命很有關係，所以治療師也必須時時覺察和關懷自己的家庭，不斷整理和面對自己的生命。

家庭生命史探索活動

一、目的

● 認識家庭生命史的循環和命名。

● 了解家庭發展每個階段的任務與應有功能。

● 探討參與者自身目前所處家庭的發展階段任務與功能。

二、時間：三小時

三、人數：每組若干人不拘。依照各人目前所處的家庭階段或人生階段分成組別，例如：未婚單身、離婚單身、同居（同性／異性）、新婚期、結婚無子女家庭（結婚十年以內）、頂客族家庭（結婚十年以上無子女）、養育新生兒家庭、養育學齡子女家庭、養育青春期子女家庭、複合式家庭（離婚後攜子女再婚）、子女起飛家庭、退休期家庭、晚年期家庭。

四、過程

● 分組。

● 小組成員分享討論所屬階段的特徵、任務，與之前及之後階段的異同、期許及意義。

● 各組報告分享討論的結果摘要。

● 全體學員依照自己現階段家庭生命史的時間排序，排成一個圓圈，象徵家庭的循環沒有起點也沒有終點，也象徵生命的生生不息。這宛若一個儀式，每個人的家庭雖然都不一樣，但是都在變化當中。通常退休期晚年期只有我一個，其他成員有人在養育小孩、有人未婚、有人中年，每人都有一個位置，就像在家庭裡一樣。時代也在變化中，以前單親或不婚生子很少見，現在人數越來越多。我的家庭處在退休期，有一天我會消失，但這個圓圈卻會一直存在，不斷有人誕生、有人移位，生命就是這樣循環不息。

最早提出「**家庭生命週期**」概念的是都華及希爾（Duvall, E. & Hill, R., 1945），之後卡特和瑪庫麗（Carter, E. & McGoldrick, M., 1980）提出時代變化快速，兩性關係及家庭的面貌從傳統小家庭的主軸產生變化，如未婚母親、同居關係、單親家庭、頂客族等。家庭生命週期應有多樣性，如居間的家庭（between family）、新婚夫婦的家庭、有小孩的家庭、有青少年的家庭、子女起飛或已離開的家庭，及晚年期的家庭（見圖1）。

二十一世紀以來，除了上述的家庭面貌以外，單身不婚的人口增加，越來越多成年子女與父母同住，或有所謂「啃老族」家庭出現。

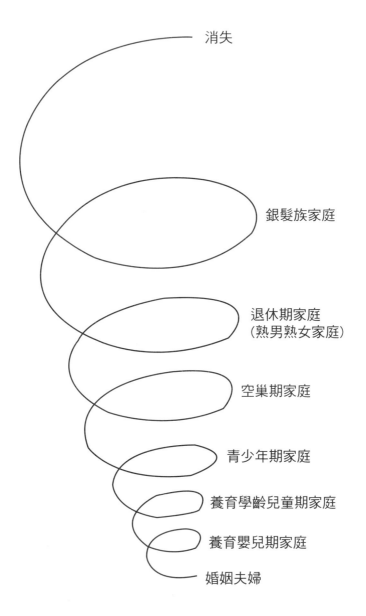

消失

銀髮族家庭

退休期家庭
（熟男熟女家庭）

空巢期家庭

青少年期家庭

養育學齡兒童期家庭

養育嬰兒期家庭

婚姻夫婦

圖1　家庭生命史的發展螺旋圖

西方社會比較重視個人主義，其所發展出來的家庭生命觀點，與亞洲社會以集體生存為主調所發展的家庭生命，兩者有什麼異同？台灣社會的發展進入二十一世紀以來，強調國際化、全球化，東西方的社會文化、經濟、政治交流頻繁，這些交流和變遷如何影響現代台灣家庭？有多少變化？是否有改變的足跡？這些都是我非常有興趣的題目，但本書中暫不討論。本章討論的家庭生命史週期的結構、階段、任務及功能，對於家庭評估的定位，是相當重要的參考視框，提供了家庭評估時的縱向思維。從上述案例可以看到：評估者重視家庭求助的時間點，加上家庭發展史的脈絡，由此勾勒出家族治療的最初藍圖。

多元家庭形式的發展功能與任務

以下逐一說明多元家庭形式各階段的發展功能與任務（參考自《婚姻與家庭》，吳就君著，2006）。

一、單身族的任務與功能

功能	任務（責任）
自我照顧 身心靈	● 維持健康、有規律的作息，三餐營養均衡。 ● 常常接觸大自然，接受大自然的滋養。 ● 每天運動來鍛鍊身體。 ● 早晚靜坐讓心靈休息。 ● 寫日記來和自己有親密的接觸。 ● 享受獨處，做自己最好的朋友。 ● 穿著得體，有品味。 ● 懂得放鬆減壓，例如透過音樂、閱讀、繪畫等興趣。 ● 參加自我成長的課程。 ● 找到心靈的皈依處（可以是宗教信仰）。
經營親密關係	● 尋找終身伴侶。 ● 在關係中學習成長，互相欣賞、扶持、照顧、了解等。
陪伴與支持	● 有親密的好朋友可以談心，分擔與分享。
奉養父母	● 照顧父母的飲食起居。 ● 陪伴父母、關心他們。 ● 例如：定期給家用、出門載送、準備三餐、聊天談心事或牢騷、和父母一起旅行遊玩。
經濟獨立	● 有智慧地賺取金錢。 ● 自供自給，除了滿足自己生活需求、奉養父母，還可以佈施給有需要的人和團體。
服務社會	● 和人分享如何活出自己，活出生命的意義。 ● 做義工來回饋社會。 ● 認真工作，與上司、下屬、同事等維持良好關係。
自我實現	● 去做自己夢想的工作、去遊學。 ● 找到屬於自己的生命意義與價值，並付諸行動去實現。

二、新婚夫妻的任務與功能

功能	任務（責任）
組織新家庭	● 心理和生活上兩人共同生活的準備與調適。 ● 調適彼此的生活習慣、步伐、文化差異、價值感差異等。 ● 建立屬於自己小家庭的規則與文化。 ● 考慮財務和經濟條件與分配。 ● 建立原生家庭和自己建構的小家庭之間的心理界線。
經營夫妻關係	● 溝通彼此的期待與落差。 ● 商議家庭計畫。 ● 珍惜並支持伴侶。 ● 建立夫妻的私領域。
迎接和準備新生命的到來。持續照顧和維持自己的身心靈	● 營造迎接新生命的各種條件和基礎，例如：生理、心理、經濟、環境等預備。 ● 準備懷孕及成為父母。

三、頂客族的任務與功能

分為兩大類，一為生涯規畫上的選擇，或有其他原因，而選擇不要有孩子；二為生理條件的關係，雖然想要有孩子，但卻未能如願。

功能	任務（責任）
珍惜和維持夫妻關係	● 維繫夫妻關係。 ● 面對是否要有孩子的猶豫不決和掙扎，隨著年齡的增長而有所改變。雙方家長和社會態度，都可能對夫妻形成壓力。 ● 面對不孕的壓力，夫妻開放溝通，彼此調適，必要時接受專業諮詢。 ● 面對沒有孩子時，雙方家長和社會輿論的壓力，夫妻倆共同協商面對。
彼此扶持和相守到老	● 交換彼此對生涯規畫、經濟、生活方式的想法，互相了解和溝通。 ● 思考和面對生活的種種，並珍惜彼此的生命和意義。 ● 無論有沒有孩子，都有個別的「有」和「無」，「得」與「失」等，都需要夫妻雙方各自和彼此體會的溝通。
奉養父母	● 照顧雙方的原生家庭。
打造財務基礎	● 準備養老金以及醫療費。
回饋社會	● 參與社會活動。
學習與自己生命的孤獨相處	● 準備好日後可能要面對的孤獨感。 ● 咀嚼生命的孤獨感。 ● 無論對自己的生命和親密關係有何期待，都別忘了要「回家」。 ● 身心靈自我成長。

四、養育新生兒期的任務與功能

功能	任務（責任）
生命的傳承 － 體驗生命的奧祕與不可思議 － 感受到夫妻兩人共同迎接新生命的到來 － 無論孩子是什麼樣子，也要感恩孩子的到來	● 承擔新生命的到來。 ● 與婆婆、公公的界線要清楚，尊重親子關係和祖孫關係的不同。 ● 從孩子出生的混亂中逐漸恢復常態。 ● 學習生活照料、營養食品、嬰幼兒安全常識。 ● 為孩子的出生和嬰兒用品的花費規畫。 ● 遵守接種疫苗的時間表。 ● 藉由親職課程促進父親參與照顧孩子的工作。 ● 投注時間在孩子身上，激發孩子情感、社交及智力的發展，多擁抱嬰兒。 ● 家務事分工。 ● 成為新父母的角色學習。 ● 建立家庭生活的規則及常規性工作。 ● 欣賞並支持彼此的親職角色。 ● 維持工作及穩定的收入。 ● 投注時間在夫妻兩人關係上（至少每週一小時以上）。 ● 與其他有小孩的父母建立友誼。

五、養育幼兒期的任務與功能

功能	任務（責任）
學習 連結 發展 發揮親職功能：保護、情感、教育、紀律	● 家庭的佈置以保護孩子安全為前提。 ● 激發孩子的語言發展。 ● 適度滿足孩子情感上的需求。 ● 制定規則並努力成為有效能的父母。 ● 遵守接種疫苗的時間表。 ● 平衡家庭開支。 ● 共同分擔持家及照顧孩子的責任。 ● 與親戚互動。

功能	任務（責任）
	● 接受專業訓練或進修。 ● 發展家庭生活資源。 ● 計畫家庭的外出及活動。 ● 回答孩子所提出關於出生和性的問題。 ● 欣賞每一位家庭成員的個別差異。 ● 保持夫妻之間的溝通分享（兩人單獨共有的時間每週至少一小時以上）。

六、養育學齡期兒童的任務與功能

功能	任務（責任）
教育孩子	● 父母身為孩子的： －保護者 －支持者 －了解者 －紀律的養成者 －示範者 ● 養育孩子──品格的塑造，價值感的培養。 ● 陪伴孩子並發掘其潛能。 ● 提供條件讓孩子發展與鞏固心智成長。
孩子入學	● 關心孩子上學的心理準備。 ● 預備孩子面對社會化的調適。 ● 預備孩子面對社交和人際關係和競爭的壓力。
學習 連結 發展 發揮親職功能：保護、情感、教育、紀律培育子女成為社會人	● 支持孩子的教育和學習活動。 ● 以家長身分出席孩子的學校活動。 ● 與學校及社區活動保持關係。 ● 結交夫妻共同的朋友。 ● 創造家庭活動、規則及習慣。 ● 鼓勵、教導家庭成員間有效地溝通思想及感覺。 ● 建立價值觀。 ● 提供性教育並回答性方面的問題。 ● 欣賞並支持家庭裡的每一位成員。 ● 夫妻互相支持了解（兩人單獨共有的時間每週至少一小時以上）。

七、養育青少年子女的家庭任務與功能

功能	任務（責任）
學習 連結 發展 支持 了解 培育子女成 為社會人	● 提供教育方面所需的經費。 ● 與子女約定適當的生活規則，並分配適合的勞動服務。 ● 與子女協商他們因額外的自由所應負的責任。 ● 改變與子女的關係，並鼓勵他們學習獨立做決定。 ● 討論性議題。 ● 提供衣著、食物及住處的消費。 ● 討論青少年受同儕影響的需求及界限。 ● 注重思想與情感的溝通，提供其他選擇及解決衝突的方法，以跨越代溝的落差。 ● 接納子女的朋友們，討論與家庭價值觀相衝突的行為。 ● 澄清家庭價值觀。 ● 討論有關無照駕駛、嗑藥等問題的危機處理。 ● 在職進修或取得其他教育和受訓機會。 ● 結交家庭共同的朋友。 ● 夫妻互相支持了解（兩人單獨共有的時間每週至少一小時以上）。

八、空巢期家庭的任務與功能

功能	任務（責任）
學習 連結 支持 了解	● 提供人生啟程的子女經濟協助。 ● 提供孩子居住空間。 ● 促進已婚子女的家庭溝通，以提供穩定的家庭關係。 ● 依照孩子的年紀與成熟度共同處理家庭事務。 ● 與孩子討論他們的生涯規畫。 ● 仍須努力工作、存錢。 ● 允許子女考驗家庭價值觀，以發現他們自己的價值觀。

	● 與新進家庭成員學習相處，並讓子女獨立建構他們的小家庭。
	● 調整家庭價值觀並維持彈性。
	● 為子女起飛階段建立規則。
	● 夫妻關係重新加強深化（增加兩人共有的時間）。

九、退休期家庭的任務與功能

功能	任務（責任）
成為子女生命的導師 學習 照顧健康 放鬆 連結 支持和了解	● 調適停經和賀爾蒙的改變。
	● 改變飲食習慣和運動計畫。
	● 有規律地生活。
	● 危機處理。
	● 為保持身體健康投注時間。
	● 調適因老化所產生的改變。
	● 重視伴侶關係並發展親密感。
	● 維繫老朋友關係並結交新朋友。
	● 發展對社區活動的嗜好和興趣。
	● 傾聽另一半的心聲，給予成年子女在情感上、夢想上的支持。
	● 持續吸收新資訊，自我成長。
	● 與新增的家庭成員學習相處，如姻親和孫子女輩。
	● 照顧年老父母。
	● 調適失去工作角色的生活。
	● 培養休閒活動。
	● 投注更多時間與朋友一起享受生命。
	● 處理父母的死亡。
	● 審慎處理金錢。
	● 學習接受孩子的孝順和回饋。
	● 面對死亡議題，培養宗教意識。書寫遺囑。

十、資深期家庭／銀髮族家庭的任務與功能

功能	任務（責任）
自我照顧和維護	● 維護與促進自己的身心靈健康。 ● 處理健康問題及醫療費用。 ● 適應伴侶的死亡並獨自生活，更新遺囑。
給予支持和了解	● 連結家人、朋友與社區。 ● 維持友伴關係。 ● 維持休閒活動與興趣。 ● 與子女家庭保持互動。 ● 適應朋友的死亡，面對死亡議題做好準備。
接受照顧和治療	● 移居於老人院或與子女同住。 ● 價值觀獨立並能夠依賴孩子。 ● 面對死亡的課題，準備隨時離去。
終身學習	● 持續享受學習的樂趣，自由自在地活著。 ● 審視生命並尋找其意義。 ● 維持每天的生活樂趣，自由自在地活著。

家庭作業：繪製家庭生活史

● 目的：參與者練習繪製家庭生活史的方法。

● 方法：在家裡個人進行演練。

● 時間：約兩小時。

● 步驟：

一、繪製你的原生家庭圖史

在家庭圖上，寫上父母、祖父母、兄弟姐妹、叔伯姑嬸

姨舅等親人的名字、出生年、地點、目前年齡、死亡原因等。對父母、祖父母和兄弟姐妹各寫出一個形容詞，正負向都好。

二、有了家族史後，針對下列問題做出簡單回應：

● 試著想一想，你的家庭是怎麼一路走過來的？

● 試著感覺你的原生家庭，有什麼感受是你熟悉的？

● 你是否願意表達你在家庭裡的想法和感受？

● 在家庭裡，你想要、期待的是什麼？

● 你在家裡是否被鼓勵可以冒一點險？

● 什麼是你家裡隱藏的規矩？

● 你知道你在家裡扮演什麼角色嗎？

● 你如何描寫你家的溝通過程？事件／感受、間接／直接、誠實／不誠實、尊重／不尊重、清楚／不清楚。

● 你的爸媽或照顧過你的人，他們在壓力狀態下的生存型態如何？是指責型、討好型、超理智型、打岔型，或有其他型態？

● 你的家庭對於發生突然的事件，或有新的變化時，會如何反應？

● 你的父母如何面對他們之間的衝突，例如兩人之間生氣時，會如何處理？

● 你家對於每個人的個別差異、才能、接納度、肯定度

如何？

●有沒有人特別獨霸？有沒有平等的氣氛？不管年齡、性別或角色。

●你覺得你從原生家庭得到什麼樣的長處、優點？

●如果你有選擇，你會想改變你的原生家庭哪一點，讓它令你更喜歡？

第十五章　家庭的評估與介入

什麼樣的評估就會發生什麼樣的治療，

家庭評估的看法和眼光，

常是訓練治療師的精華所在。

　　評估（Assessment）或診斷（Diagnosis）是助人工作中常做的首要步驟，後者為醫療系統的用詞，不在此討論。家庭的評估不僅在家族治療的初期進行，它在會談全程中與治療介入是同步進行的活動。治療師要亦步亦趨地隨著家庭過程發生變化時，隨時評估、核對、修正、再評估，以引導過程的進展達成目標。所以評估與治療二者是相輔相成、共譜進行的活動。

　　有效的評估是治療師的心理地圖，它能夠引導家庭發生改變的步驟和方向。評估是為了適當引導家庭發生下一個行動。治療師做評估時的思維、心態和看法，會影響評估過程和結果。就好比「對人生有什麼看法，就會有什麼樣的人

生」一樣，**什麼樣的評估就會產生什麼樣的治療。所以家庭評估的看法和眼光常是訓練治療師的精華所在。**

　　「為什麼這個時間點來求助？」這個問題是評估初期最常思考的議題。

　　以第四章提到的成媚為例，成媚的丈夫已經兩年不回家，之前的夫妻關係中爭吵不斷，幾乎是日常生活的一部分。等到最後一個子女在兩年前結婚成家，丈夫也不再回來。為什麼這個時間點二女兒想要尋找專業的介入？治療師會假定這個家庭系統運作在此刻已令家庭成員感受到威脅或不舒服，換言之，這是家庭系統開始想要尋找改變的時刻。**評估者的腦海中會浮現：這個家庭的生命史目前處在什麼階段？成員的需求是什麼？此時家庭系統運作的規則與成員互動的需求是否發生落差？這些問題就成為對這個家庭評估的主要議題。**

案例一

　　七十歲的泰益，近兩年來他的生活中常與不同女性親密來往。妻子美玉氣得借酒消愁，並揚言自殺，泰益會拚命勸阻妻子。夫妻之間不時發生口角或相互動粗，家庭關係充滿火爆張力。泰益喜歡把威而鋼、保險套放在床頭櫃內，美玉則會經常去翻看和檢查所剩的數量，並挑起爭吵的引爆點。夫妻倆好像蓄意要把衝突檯面化，這對當事人似乎另有心理的意義。女兒是安慰母親的拯救者，也是她提出求助的要

求，希望進行家庭懇談會。

　　為什麼這個時候求助？因為女兒即將出嫁結婚，母女面臨分離焦慮，這是人之常情。美玉曾多次表示，女兒出嫁後，她的責任已了，就要自殺以求解脫，不再留戀這個世界。女兒擔心媽媽的狀況，宣布要暫緩婚事，並且以保護母親為理由，呼喚兄弟姐妹都回來，共同責備父親的不該，替母親代言。她希望父母像她小時候一樣，當年一家人共同為生活打拚，緊密親近，是讓人懷念的美好時光！女兒與母親一樣擁抱著已經消失的過去，表示這個家庭系統曾經發揮令家人滿意的功能。此刻**兒女的主動求助，正是顯現舊有系統不再能滿足現在家人的需要，希望尋找改變的信號。**

案例二

　　五十六歲的軍明前來求助，理由是妻子認為他脾氣不好，擔心他有躁鬱症，要他去看診請醫生確認，醫療團隊決定轉介社工做婚姻治療。

　　軍明和珍美（妻，四十八歲）出現在會談室時，兩人坐在治療師的對面，彼此隔著一張椅子。軍明沒有初次會談的緊張，說話直接又清楚，一直要治療師幫他問妻子：「為什麼說他脾氣不好？」珍美完全不回答他，只是很委曲地表示是軍明要她來此，她並不知道自己來要做什麼？反過來她也一直問治療師：「丈夫是不是有病？」

軍明一年前從職場退休，珍美則一直是家庭主婦，兩個女兒都是上班族。珍美近三年來生活「正常」，買菜、燒飯、參加韻律班、做瑜珈、爬山、聽演講。軍明退休後也想加入珍美的各項活動，但雙方都感覺格格不入，軍明從此常動不動就發脾氣，珍美都用冷淡、不理會的方式忽略他。治療師的評估認為，雙方都想找治療師「處理」對方，是不是表示過去互動的系統已經不能滿足現階段的需要？因而在關係上發生問題。這個家庭的生命史已經走到退休期，夫妻兩人過去多年來都處在「父母角色」的分工合作中，男主外、女主內，養育兒女、置產、準備退休後的生活之需。這些父母任務到了退休期就不適用了。他們必須覺知到自己扶養兒女的任務已經完成，今後要學習生活在當下的生命階段，重新關注夫妻系統，學習溝通彼此的需要和感受，也學習新的互動方法。要滿足對方多少？滿足自己多少？治療師又要如何跟這對夫妻一起工作，讓夫妻系統的運作較柔軟些呢？

治療師如何建構有效的評估

治療師要如何建構有效的評估、建構「活動式的心理地圖」？有以下幾個重要方向：

一、案主／案家的求助理由為何？（案主為什麼會與你相遇）？

案例一：泰益的家庭是由於么女出嫁前的焦慮，怕母親自殺而前來求助。么女求助於學校輔導中心，輔導中心轉介

來家族治療。

案例二：軍明來求診是受到妻子要求的壓力，希望醫師診斷他是不是有躁鬱症。

多數案主雖說出了前來求助的理由，但治療師仍需適時幫助當事人更清楚地接觸自己，澄清真正的理由是什麼？

二、 案主／案家主述的問題是什麼？對問題形成的看法是什麼？期待本次會談發生什麼？

案例一：父親在外拈花惹草，么女擔心夫家知道沒面子，又聽到母親威脅說等么女出嫁後，自己不再有訴苦的對象，就要尋死。家人全體出席，希望父親停止外遇行為。

案例二：軍明自覺沒有問題，也沒有看法，只期待醫師証明他沒病。

三、 治療師認為的主要問題是什麼？對問題形成的動力看法如何？

案例一：泰益這對夫妻關係不協調，妻子求助兒女，影響么女的婚嫁。夫妻完成養育子女的任務之後，失去了共同關係的重心。丈夫身體老當益壯，喜歡尋歡作樂，妻子卻只想念經修行，兩人關係要如何維持下去？兒女成家離開之後，兩人要如何共處在同一個屋簷下？這是夫妻的危機，也是家庭的危機。

案例二：軍明退休後，不知道如何安頓生活，在家裡找不到自己的位置。妻子不但沒有協助他調適，還常有疏離他

的舉動,造成夫妻互動的惡性循環。

四、 治療目標

案例一:初期目標:建立安全的平台,促使兒女與父母系統之間開始對談,準備下次做夫妻治療的可能性。

案例二:初期目標:建立安全信任的夫妻對談氛圍,催化有效溝通的方式,建構夫妻治療的契約。

五、 案主的長處、力量、資源(strength)在哪裡?

案例一:(一)家庭凝聚力強

(二)家庭共有意義的回憶。

(三)丈夫和妻子都不願意失去這個家。

案例二:(一)夫妻的角色功能都相當認真、努力、負責任。

(二)有意願共同面對當前的困境。

傳統家庭與現代家庭

成媚的四個兒女都已離開原生家庭,各自建立自己的小家庭,但是他們與父母親的情感關係不因距離而疏離,經濟活動也仍然有許多相互依存的地方。父母之間的關係破裂,兒女都覺得有責任介入,父母也等待兒女來救援。這些觀念反映出集體生存方式的華人家庭,與個人主義為主調的西方家庭相當不同。成媚的家庭與西方小家庭一樣都邁入退休期,老夫老妻要如何放下慣性的互動行為,學習新的溝通方式,

發展互相支持的功能？這時，夫妻系統需要轉變以適應新的階段。不論東方或西方的家庭，都要面臨改變任務的挑戰。看來華人社會要比西方社會的家庭更具有優勢資源來維持家庭系統，但這並不一定保證會成功轉化出新的行為模式。

我十五歲左右（民國四十三年）時，對林語堂先生十分崇拜，他推薦《浮生六記》一書必讀。我讀了之後似懂非懂，除了留下一對恩愛夫妻的印象以外，其餘都是空白。最近，在思索家庭生命史的時候，我偶然重新看到《浮生六記》。這時已是七十多歲的我非常驚訝地發現，原來一代才女陳芸帶著濃厚的個人色彩，對生活有愛、好奇、敢當擔。她與沈三白（沈復）的結合，在當時的社會文化下不僅是恩愛夫妻，更相對地彰顯才女命薄！若是陳芸活在現代倡導男女平權的社會，她或許會有不同的運氣吧。

這也讓我意識到，在過去的中國傳統家庭中，存在著集權式的威權體制，家庭關係代間僵化，個體界限不明，以及責任和權力意識不清的家庭關係——就像沈三白與陳芸的家庭，不能用現代的家庭生命發展史的視框來評估。集權與民主兩種政治結構的變遷，對家庭結構和界限的影響十分顯著。前者的家庭生命宛若水波蕩漾，往橫向擴展，形成李家村、陳家莊……等氏族結構；後者的小家庭則形成縱向連結，代代傳承。不過，家庭的互動與家庭關係，在傳統與現代的華人家庭裡，都有相似的特性，如傳宗接代、父子軸的

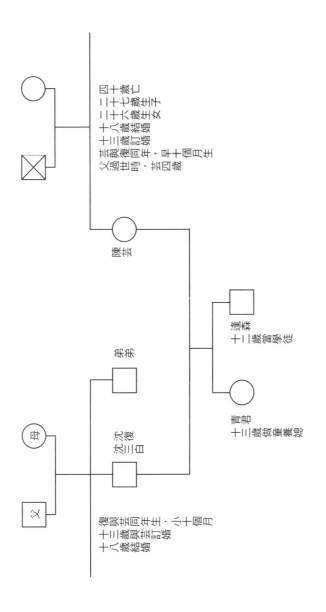

圖1　沈三白與陳芸的家庭圖

垂直相傳、兒女要照顧父母、婆媳情結等，都隨著時代的變遷而流傳至今。

我試著畫出沈三白與陳芸的家庭圖，來探索一下這對夫妻的家庭生命結構（見上頁圖）：

沈三白二十八歲時跟隨父親到揚州做事，留下母親和妻子陳芸在家鄉。父親向兒子表示自己在外地需要女人照料，兒子因此告訴妻子，讓她在家鄉找一個女人給父親做妾。

這件事情達成之後，婆婆向媳婦大發雷霆。事後公公不但不承擔，反倒認為媳婦在信中措詞不當，才會引起誤會。老夫婦倆各自模糊焦點，找尋代罪羔羊，都指責媳婦不對，要求三白即刻休妻，將陳芸趕出家門，兩年後才得以回來。

傳統大家庭生活圈裡若有「特別恩愛的夫妻」，整體的家庭關係很難維持平衡，因為那是太個人化的現象，勢必受到排斥。

三白對芸娘欣賞又依賴，兩人共構成一對恩愛夫妻。三白事事都要詢問芸娘意見，相對地，芸娘很有主見行事，夫妻關係與母子相似。公公婆婆都不喜歡芸娘的開放作風，例如某次遊太湖，登水仙廟觀燈，芸娘女扮男妝，與夫同行，因歡喜忘情，觸碰陌生人的肩頭引起誤會，芸娘情急之下，放下長髮露出髮釵，才化解誤會。又一次，芸娘看到一位歌伎氣質美麗，極為欣賞，就結交做姐妹，要她答應來日做三

白之妾……三白對芸娘的欣賞愛慕,讓他寫下《浮生六記
──閒情記趣》。

這些恩愛夫妻的親密互動,原屬私領域的活動,在舊社
會裡很容易遭到排斥。即使在現代社會,有時候家族聚會中
也會隱藏夫妻之間的特殊親密行為。

沈三白和弟弟都跟隨父親在揚州做事的日子裡,家裡又
出了一件事:有人上門討債,原來是弟弟所欠的。芸娘寫信
給三白,告知三白需要寄錢回來償還弟弟的債務。此信被公
公看到,質問二兒子何時向何人借錢?弟弟堅決不認帳,父
親聽信兒子的話,認為芸娘索錢私用。公婆兩人本來就對芸
娘不滿,如今更有理由借題發揮。

現代家庭與沈三白時代的家庭表面上看來差異很大,但
是現代家族治療所遇見的求助困擾,卻與沈三白時代相差無
幾,例如:父母過度干涉兒女的婚姻;哥哥替弟弟還債;出
嫁的女兒要拿錢回娘家奉養父母,或補助弟妹升學;夫婦要
每月給公婆多少錢,幫助弟妹念書;公婆不喜歡媳婦;媳婦
排斥公婆或與之對抗……即使是外遇、離婚、小三事件,從傳
統家庭到現代家庭所面對的衝突內容,常有異曲同工之處。

由此可見,華人文化深層對家庭的基本感情,直到今日
仍然沒有太大改變。「面子」、「金錢」和「情愛」是自
古以來的大事,也是家族治療的常見內容。**治療若在「內容**

面」著力，就容易落入表面的執著；相對地，離開了事件的內容而談過程時，又變得虛幻不實。如何就內容面有「過程」的介入和評估，是下一章節的主要內容。

家庭評估實例（一）

求助者：母親碧怡

主要問題：母親感覺到心疲力竭。兒子振杰有亞斯伯格症，近一年來脾氣不好，頻頻發作，吵著要獨自回美國，讓母親非常焦慮，不知道怎麼辦好。雖然過去二十幾年來，振杰發生過各種問題，都由她單獨處理，度過無數難關。但是這一次，她對每一件事都充滿憤怒、無力感、混亂，對生命失去耐心和動力。

期待：尋找助力

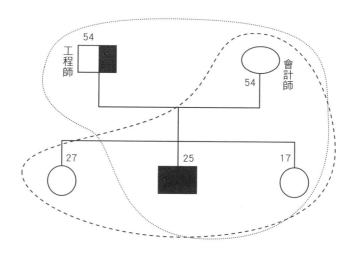

圖2　碧怡與明成的家庭圖

家庭背景史：

碧怡商學院畢業後，在會計事務所服務，不久就與班對明成結婚。碧怡對自己的生命有很深的許諾，事業和家庭兩者要雙贏。假如要取捨，她很清楚會以家庭和兒女照顧為首要。明成的觀念和期待也很看重兒女成就，所以夫婦倆很早就打算移民美國，讓三個孩子提早接受西式教育，為未來發展做最佳準備。

移民的安排需要一筆龐大的金錢，加上明成的父母對他們有許多經濟上的索求，尤其是婆婆，她的明示或暗示帶給碧怡相當大的壓力。碧怡的個性容不得其他家人來說三道四，所以結婚以來過得相當辛苦，在金錢、時間和精力上都付出許多額外負荷。碧怡苦在心裡，卻全部忍受下來。

大約十年前，夫妻倆決定由碧怡辭掉工作，帶著三個孩子移民，明成則留在台灣工作，一年兩次飛到洛杉磯團聚，形成「兩地家庭」的結構。

在洛杉磯期間，三個孩子正值生理發育、學業適應、生涯發展的重要階段，碧怡一人當家，對振杰亞斯伯格症的調適也都努力走過。如今大女兒在尖端科技公司就業，振杰具美術教學能力。碧怡說服振杰回台灣找工作較容易，乖巧聽話的老三也同意回台灣念高中。因此除了老大之外，終於一家三口在台灣團圓。回台灣的第二年，振杰的工作適應不良，深感挫折，開始不斷向母親吵著要回美國去。

　　當我問到：「碧怡，妳展現了專業會計師以外的才能，真了不起！不過聽起來妳承受了許多的苦，例如婆婆的索求，孩子的成長問題，處處都需要有人商量。先生會協助妳嗎？」此時碧怡的憤怒、失望和無力感像潰堤一般釋放出來，可是她又無奈地說：「明成也有亞斯伯格症的特徵，他一直用大男人的口氣命令我要去解決各種問題，我還需要照顧他呢！因為他有氣喘病，一旦發作起來，大家都天翻地覆，不可收拾。」

　　我表示：「所以，這一路來妳等於照顧四個孩子，這是非常不簡單的任務，妳卻做到了。妳扮演大媽媽和好媳婦，

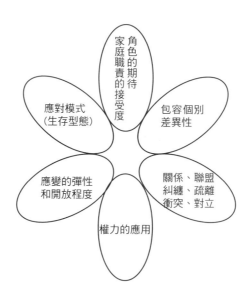

圖3　觀察家庭互動與家庭關係的橫面向示意圖

可以說十分成功。現在，妳覺得累了。妳開始看自己的生命了，想要關照自己，也想發展自己，又不允許自己這麼做，是嗎？」

家庭評估：

進行家庭評估時，需參考：

● 家庭互動與家庭關係的橫面向如圖3。

● 家庭生命發展史（參考第十四章）。

一、振杰的生涯發展是否需要他本人和父母共同討論，來個三人懇談會？

二、深化對碧怡的支持、肯定和確認。在她這個生命階段（中年轉捩點），要如何看待自己？如何轉換？這極為重要。而夫妻的互動和關係的調整，也來到了轉換的時刻。如何促進兩人新的學習，進行夫妻治療的可能性又是如何？

三、走過「兩地家庭」型態，子女大部分已進入成年前期。家中老二可能吸引了母親的大部分精力，其他子女的家庭經驗不知如何？若有機會全家懇談，可以共同回顧，分享彼此的關係和感受。大家一起重新整理家庭經驗，再度凝聚，共同邁進空巢期、子女成年離家的家庭生命階段。

家庭評估實例（二）

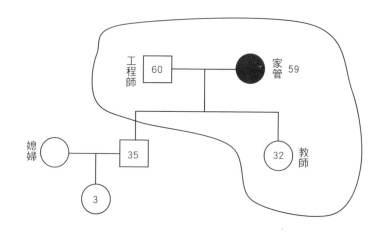

圖4　顧氏夫婦的家庭圖

轉介來源：

顧太太吞服大量鎮靜劑，送急診室處理後即轉往精神科病房，安排她住院三週。醫療團隊建議顧太太出院後，宜做夫妻治療。顧氏夫婦接受建議，開始來門診。

主要問題：

顧太太感到活著十分委曲。顧先生再三說愛護她、尊重她，卻常發生令她極端不滿意的事件，她覺得這樣下去活著

也沒有什麼意思。

　　顧先生不知道要如何反應妻子的話才叫OK，知道妻子有厭世想法時，他感到極度挫折和驚嚇！當下他坐在椅子上用力頓腳，以誇張手勢重複解釋自己對婚姻的獻身及對妻子的愛與尊重，以及自己真不知道要怎麼辦！

　　舉例：

　　夫：「家裡每天預定的菜錢是八百元。那天晚上家裡不煮，所以我們在外面用餐。餐後我叫太太用菜錢付餐費，她就變得不高興，認為我不尊重她，把錢甩在我面前，又說我小氣！真冤枉！我的薪資全部都匯進家裡的帳號，我沒有私房錢，我們家全部的錢都是妳的……」顧先生的聲音越來越激昂。

　　妻：身體姿勢偏四十五度斜坐，不看丈夫，嘴唇緊閉著不做聲。

　　夫：「我覺得自己一直把太太放在第一，我不知道要怎麼做，怎麼說，太太才會滿意！」

　　妻：「我很滿意啦……活得沒意思！我這麼說你又會去撞牆……」（被動攻擊性的味道出現。）

　　夫：「我在妳出院前就說了，我會盡量包容妳，不會再說妳無理取鬧……其實我的家庭教養造成我不是一個很貼心的人。一切都要講理嘛！妳說出道理來我就懂，我一直不懂我做錯什麼？」（也是前後不一致的訊息。）

家庭評估：

一、夫妻的溝通彼此都不一致，表面是討好，骨子裡是攻擊對方：你用熱來，我用冷去；你用冷、我用熱；共構爭吵的關係，常是親密關係的共相。

二、夫妻兩人都拒絕看到彼此的差異，都只希望對方看到自己，要對方屈服。為什麼這樣的互動系統可以走過三十五年婚姻？是不是這份差異背後的共同點：兩人都認真、負責任、自認是好人。共構的互動關係曾經成功地完成家庭生命的前半段任務，男主外、女主內，分工合作養育兒女，穩定家庭生存。

三、目前家庭進入「收成」階段，養育子女的任務已完成，家裡經濟穩定稍有積蓄。妻子的吞藥、住院是個信號，在於期待有新的生活發生。她習慣依賴丈夫的領導，自視甚高，對丈夫又有日積月累的成見，彼此缺少肯定這一路走來對方的貢獻。往日習慣的互動規則已經失效，再也不能滿足彼此。

四、這對夫妻是青梅竹馬成婚。當初妻子看到丈夫的固執個性，正在考慮分手時，丈夫發生衝動的自殘行為，結果妻子順從，兩人走上紅毯。這對妻子而言是受驚的創傷經驗，影響日後建構的兩人互動系統。這次妻子住院，反而是因為她的自殘行為，此舉的深層意義是否在表達對當年的「抗爭」？或是顯示兩人對挫折的反應很相似，呈現心口不

一致的生存型式？

五、夫妻兩人缺乏自我一致性的表達，不習慣表達自己的需要，認為對方應該知道。若對方反應錯誤而使自己不能滿足時，失望的情緒會固著在陰暗面。對於個人趨避衝突之間需求的處理，較少自我面對，往往被動等待外在因素來決定，形成了討好行為背後有攻擊、不滿意、不一致的生存型式。

六、初步計劃

（一）創造安全信任的平台，讓夫妻學習表達不同情境中的需求和感受，相互敘說和傾聽。夫妻之間清楚地表達並交換彼此期待的行為，包括可行的與不可行的，達成互相了解和接受，而停止把兩人鎖在一起的負向互動。

注意：如果夫婦的互動關係仍然處在控制／順從、我對／你錯的權力鬥爭（power-struggle參考第十三章），這時治療師需要協助他們在原來互動模式中，進行澄清、核對、了解、反思（reflection），並讓他們多重複練習幾次，不要太快推動過程。

（二）肯定夫妻雙方的角色曾經在家庭發展上有所貢獻。父母親職的成功之處，在於兩人都是認真、負責任、合作、有默契的……等等。接著澄清目前兩人要進入新的階段、新的角色行為。

（三）預定契約：進行六次晤談後，雙方共同評估目標達成的程度。他們感覺滿足的是什麼？還期待要做些什麼？

綜合歸納本書討論過的案主或案家的核心問題，幾乎都環繞在下列幾方面：

● 個我和家的基本關係歷程：歸屬－分離－回歸。

今紅（第三章）、成媚（第四章）、怡玲及韓如（第六章）、俊樹和美妍等（第七章）文豪及東杰（第十章）、家昌（第十二章）、愛麗（第十一章）。

● 個我和家的情感歷程：糾纏－分化－整合。

今紅、成媚、怡玲、泰益和美玉（第四章）、韓如、俊樹和美妍、畢玲和家康（第七章）、建業和恆達（第九章）、顧氏夫婦、碧怡、軍明、珍美、沈復和陳芸（本章）。

● 家的人際權力掙扎：

成媚、泰益和美玉、畢玲、建業和恆達、俊樹和美妍、軍明和珍美、顧氏夫婦、碧怡、沈復和陳芸、貴美（第五章）

中國人的家庭很像一個大碗公。碗公很堅韌，家人在裡面受苦，卻依然不離不棄，寧可一輩子在裡面罵來罵去，卻不願離開。碗公裡的愛恨情仇，愛一時、恨一時，喜怒哀樂，有個家讓人有個根、有所歸屬，這就是家。世界上沒有理想化的家庭，每個人都需要愛，需要與人連結，需要歸屬感。治療師要能夠看到人性中終究想傾向的一面，看到一個家庭系統的優點和資源，讓案家和案主有人味的看見自己的

家庭，討論和欣賞自己的家庭，而從中找到情感與意義的歸
屬，以及轉化的力量。這樣的看法引導著我做家庭評估和介
入。

【後記】

在沙灘上，留下美好的足印

不久前的某天夜晚，有位案主打電話給我，聲音非常虛弱：「吳老師，我可以過去跟你談談嗎？」他的憂鬱症又發作了。我為他諮商五年，就像老朋友一樣。「沒問題，你來！」我以穩定的口吻回答。

他來了。在台北城市裡安靜的一方小空間，我們坐著，慢慢地說話。此刻的他，再度驚慌失措地迷失在幽暗陰森的黑森林裡，而我是他所能想到的一盞微光。我很感謝他在最無助的時候，願意來到我的面前。漸漸地，他的情緒平穩下來，終於，他再一次穿越了黑森林，帶著虛脫但平靜的神情離去。

小小的斗室又剩下我一個人。我看著窗外萬家燈火的流動光影，不期然地回想起小時候的一個畫面：

那應該是我四歲、五歲的時候吧！一個夏日午後，我睡覺醒來，突然發現家裡好安靜，空盪盪的，爸爸媽媽姊姊哥哥們都不在家，只有牙牙學語的小弟弟，躺在我身邊沉睡著。當時，屋外下著大雨，我們住在日式宿舍，木造房子的

屋頂響著千軍萬馬如擂鼓般的巨大雨聲，我好害怕，跑到長長的木地板迴廊上，看著屋外的大雨，在如雷的雨聲中嚎啕大哭，覺得好孤獨，彷彿天地之間只剩下我和弟弟。我到今天都還依稀可以聽見那個無助小女孩的嘶吼哭聲，在孤單的長廊上迴盪。

不知道哭了多久，突然之間，太陽出來了，小小的我透過模糊淚眼，看到金色陽光閃爍在雨珠上，好美！閃亮亮的黃金太陽雨，讓小小的我看得出神。雨水停了，我的淚水也乾了，我坐在廊前，兩隻小腳懸空晃盪啊晃著，忍不住對著天空微笑起來。

這是我生命中第一個清晰的童年記憶，如此久遠以前，原本早已遺忘了，不知為什麼，在我退休後的恬靜歲月中，再次浮現眼前。我也恍然大悟，那個小小的、孤獨又害怕的、在淚光中望著黃金雨而微笑的自己，原來一直陪伴著我，走過人生的大半歲月，幫助我穿越自己的黑森林。過去的我和今日的我，在心靈的時空中，是自由流動、親密相依的。

然後，我又聯想到《沙灘上的療癒者》的意象。對我來說，助人工作是一個包含天地人、整體性的存在與過程，就像走在沙灘上，不只我和案主兩個人，還有週遭的藍天、白雲、陽光、海水、浪花、濤聲、細沙、微風相伴；我們一起走在沙灘上，相聚的過程就宛若潮汐起伏，蘊藏著大自然的

動態韻律。有時候，天時地利的條件沒來，任誰也無法強求；有時候，這段相遇則會在沙灘上留下美好的足跡。

我繼續看著窗外光影明滅的城市夜景。我知道，每一個生命都有許多座黑森林等待穿越，每個人也都在尋覓一片廣闊安全的沙灘，踏上療癒之旅。無論多麼孤獨的時刻，在我們心靈深處，都有一個小小的、單純的、可以將淚水轉化為笑容的自己，陪伴我們一起同行。

謹以這本書，跟所有在生命旅途上追尋的朋友們分享。

參考書目

1. 《與人接觸》（*Making Contact*），薩提爾著，吳就君譯，1993年，張老師出版社。

2. 《尊重自己》（*Self Esteem*），薩提爾著，朱麗文譯，1993年，張老師出版社。

3. 《心的面貌》（*Your Many Faces*），薩提爾著，吳就君譯，1993年，張老師出版社。

4. 《聯合家族治療》（*Conjoint Family Therapy*），薩提爾著，吳就君譯，2006年，張老師出版社。

5. 《家庭如何塑造人》（*Peoplemakirlg*），薩提爾著，2006年，張老師出版社。

6. 《薩提爾治療實錄：逐步示範與解析》（*Satir Step by Step:A Guide to Creating Change in Families*），薩提爾著，李瑞玲、黃繡、龔嫻紅譯，2006年，張老師出版社。

7. 《婚姻與家庭》，吳就君著，2006年，華騰出版社。

8. 《家族治療概論》（*Family Therapy: Concepts and Methods ,4ed*），Michael P. Nichols、Richard C. Schwartz著，郭靜晃校閱，王慧玲、連雅慧譯，2002年，洪葉出版社。

9. 《家族治療的理論與方法》（*FAMILY THERAPY: Concepts*

and Methods），Nichols & Schwartz著，王慧玲譯，2002年，洪葉出版社。

10.《原古之道》，洪寬可，2009年，原古之道出版社。

11.《生命的領航：人與人之間的領導藝術》（*Leading With Soul--An Uncommon Journey of Spirit*），李‧鮑曼，泰倫斯‧迪爾著，孫秀惠譯，1997年，天下文化。

12.《品味人生》有聲書，傅佩榮，2005年。

13.《勝王瑜伽經》，Patanjali原著，邱顯峰譯述，2007年，喜悅之路靜坐協會出版。

14.《薩提爾成長模式的應用》，約翰‧貝曼等著，江麗美、魯宓譯，2008年，心靈工坊出版社。

15. *I and Thou* (1958), Buber, M. New York, Macmillan.

16. *Family therapy in clinical practice* (1985), Murray Bowen, New York: J. Aronson.

17. *Yes Feeling* (2009), Erving Polster PH.D. Pioneers Humanization of Technique. The evolution of psychotherapy Conference.

18. *The Family Crucible: The Intense Experience of Family Therapy.* (1978), Augustus Y. Napier& Carl Whitaker.New York: Harper & Row.

19. *General system theory: Foundation, development, application* (1968), Bertalanffy, L. von. New York: Braziller.

20. *Why you marry Lexington* (1948), Duvall, E & Hill, R. MA : D. C. Health Co.

21. *The family life cycle: An overview of family therapy* (1980), Carter, E & McGoldrich, M. New York: Gardner press.

22. *When you marry* (1945), Duvall, E. & Hill, R. Boston: D. C .Health and Co.

23. *The family life cycle: A framework for family therapy* (1980), Carter, E., & McGoldrick, M. (Eds.) New York: Gardner press.

24. *Self–Esteem* (1994), Nathaniel Branden. New York: Bantam Book.

探索身體，追求智性，呼喊靈性，
舉向更高遠的意義與價值
是幸福，是恩典，更是內在心靈的基本需求，
企求穿越回歸眞我的旅程

Holistic

綠野仙蹤與心靈療癒
【從沙遊療法看歐茲國的智慧】
作者—吉姐·桃樂絲·莫瑞那
譯者—朱惠英、江麗美　定價—280元

心理治療師吉姐·桃樂絲·莫瑞那從童話故事《綠野仙蹤》中的隱喻出發，藉由故事及角色原型，深入探索通往人們心理的療癒之路。本書作者莫瑞那是《綠野仙蹤》原作者李曼·法蘭克·包姆的曾孫女，她爲紀念曾祖父贈與這世界的文學大禮，特地於此書中詳載《綠野仙蹤》的創作背景、家族故事及影響。

覺醒風
【東方與西方的心靈交會】
作者—約翰·威爾伍德
譯者—鄧伯宸　定價—450元

東方的禪修傳統要如何與西方的心理治療共冶一爐，帶來新的覺醒？資深心理治療師約翰·威爾伍德提供了獨到的見解，同時解答了下列問題：東方的靈性修行在心理健康方面，能夠帶給什麼樣的啓發？追求靈性的了悟對個人的自我會帶來什麼挑戰，並因而產生哪些問題？人際關係、親密關係、愛與情欲如何成爲人的轉化之鑰？

教瑜伽·學瑜伽
【我們在這裡相遇】
作者—多娜·法喜
譯者—余麗娜　定價—250元

本書作者是當今最受歡迎的瑜伽老師之一，她以二十五年教學經驗，告訴你如何找對老師，如何當個好老師，如何讓瑜伽成爲幫助生命轉化的練習。

瑜伽之樹
作者—艾揚格
譯者—余麗娜　定價—250元

艾揚格是當代重量級的瑜伽大師，全球弟子無數。本書是他在歐洲各國的演講結集，從瑜伽在日常生活中的實際運用，到對應身心靈的哲理沉思，向世人傳授這門學問的全貌及精華。

凝視太陽
【面對死亡恐懼】
作者—歐文·亞隆
譯者—廖婉如　定價—320元

你曾面對過死亡嗎？你是害怕死亡，還是怨恨沒有好好活著了？請跟著當代存在精神醫學大師歐文·亞隆，一同探索關於死亡的各種疑問，及其伴隨的存在焦慮。

生命的禮物
【給心理治療師的85則備忘錄】
作者—歐文·亞隆
譯者—易之新　定價—350元

當代造詣最深的心理治療思想家亞隆認爲治療是生命的禮物。他喜歡把自己和病人看成「旅程中的同伴」，要攜手體驗愉快的人生，也要經驗人生的黑暗，才能找到心靈回家之路。

日漸親近
【心理治療師與作家的交流筆記】
作者—歐文·亞隆、金妮·艾肯
審閱—陳登義　譯者—魯宓　定價—320元

本書是心理治療大師歐文·亞隆與他的個案金妮共同創作的治療文學，過程中兩人互相瞭解、深入探觸，彼此的坦承交流，構築出這部難能可貴的書信體心理治療小說。

心態決定幸福
【10個改變人生的承諾】
作者—大衛·賽門
譯者—譚家瑜　定價—250元

「改變」爲何如此艱難？賽門直指核心地闡明人有「選擇」的能力，當你承認你的「現實」是某種選擇性的觀察、解讀、認知行爲製造的產物，便有機會意志清醒地開創自己的人生。

當下，繁花盛開
作者—喬·卡巴金
譯者—雷叔雲　定價—300元

心性習於自動運作，常忽略要真切地去生活、成長、感受、去愛、學習。本書標出每個人生命中培育正念的簡要路徑，對想重拾生命瞬息豐盛的人士，深具參考價值。

有求必應
【22個吸引力法則】
作者—伊絲特與傑瑞·希克斯夫婦
譯者—鄧合宸　定價—320元

想要如願以償的人生，關鍵就在於專注所願。本書將帶你當下所具備的強大能量，並帶領讀者：把自己的頻道調和到一心所求之處；善用吸引力心法，讓你成為自己人生的創造者。

超越身體的療癒
作者—勞瑞·杜西
譯者—吳佳綺　定價—380元

意義如何影響心靈與健康？心識是否能超越大腦、時間與空間的限制，獨立運作？勞瑞·杜西醫師以實例與研究報告，為科學與靈性的對話打開一扇窗。

不可思議的直覺力
【超感知覺檔案】
作者—伊麗莎白·羅伊·梅爾
譯者—李淑珺　定價—400元

知名精神分析師梅爾博士，耗費14年探究超感官知覺（ESP），從佛洛伊德有關心電感應的著作，到其中情局關於遙視現象的祕密實驗。作者向我們揭露了一個豐富、奇幻的世界。

占星、心理學與四元素
【占星諮商的能量途徑】
作者—史蒂芬·阿若優
譯者—胡因夢　定價—260元

當代美國心理占星學大師阿若優劃時代的著作！本書第一部分以嶄新形式詮釋占星與心理學。第二部分透過風、火、水、土四元素的能量途徑，來探索本命盤所呈現的素樸秩序。

占星·業力與轉化
【從星盤看你今生的成長功課】
作者—史蒂芬·阿若優
譯者—胡因夢　定價—480元

富有洞見而又展現原創性的本書結合了人本占星學、榮格心理學及東方哲學，能幫助我們運用占星學來達成靈性與心理上的成長。凡是對自我認識與靈性議題有興趣的讀者，一定能從本書中獲得中肯的觀察。

心靈寫作
【創造你的異想世界】
作者—娜妲莉·高柏
譯者—韓良憶　定價—300元

在紙與筆之間，寫作猶如修行坐禪讓心中的迴旋之歌自然流唱尋獲馴服自己與釋放心靈的方法

狂野寫作
【進入書寫的心靈荒原】
作者—娜妲莉·高柏
譯者—詹美涓　定價—300元

寫作練習可以帶你回到心靈的荒野，看見內在廣闊的蒼穹。撞見荒野心靈、與自己相遇，會讓我們看到真正的自己，意識與心靈不再各行其是，將要成為完整的個體。

傾聽身體之歌
【舞蹈治療的發展與內涵】
作者—李宗芹　定價—280元

全書從舞蹈治療的發展緣起開始，進而介紹各種不同的治療取向，再到臨床治療實務運作方法，是國內第一本最完整的舞蹈治療權威書籍。

非常愛跳舞
【創造性舞蹈的新體驗】
作者—李宗芹　定價—220元

讓身體從累贅的衣服中解脫，用舞蹈表達自己內在的生命，身體動作的力量遠勝於人的意念，創造性舞蹈的精神即是如此。

身體的情緒地圖
作者—克莉絲汀·寇威爾
譯者—廖和敏　定價—240元

身體是心靈的鑰匙，找到身體的感覺，就能解開情緒的枷鎖，釋放情感，重新尋回健康自在。作者是資深舞蹈治療師，自1976年來，運用獨創的「動態之輪」，治癒了無數身陷情緒泥淖的人。

敲醒心靈的能量
【迅速平衡情緒的思維場療法】
作者—羅傑·卡拉漢、理查·特魯波
譯者—林國光　定價—320元

在全世界，思維場療法已經證明對75%至80%的病人的身心產生恆久的療效，成功率是傳統心理治療方法的許多倍。透過本書，希望讀者也能迅速改善情緒，過著更平衡的人生。

MASTER · 041

沙灘上的療癒者：一個家族治療師的蛻變與轉化

The Companions on the Journey Home: a family therapist's spiritual transformation

作者—吳就君

出版者—心靈工坊文化事業股份有限公司

發行人—王浩威　總編輯—王桂花

責任編輯—黃心宜　特約編輯—黃素霞

封面設計—羅文岑　內頁編排—李宜芝

通訊地址—10684台北市大安區信義路四段53巷8號2樓

郵政劃撥—19546215　戶名—心靈工坊文化事業股份有限公司

電話—02）2702-9186　傳真—02）2702-9286

Email—service@psygarden.com.tw　網址—www.psygarden.com.tw

製版・印刷—漾格科技股份有限公司

總經銷—大和書報圖書股份有限公司

電話—02）8990-2588　傳真—02）2990-1658

通訊地址—248台北縣五股工業區五工五路二號

初版一刷—2012年8月　初版五刷—2020年10月

ISBN—978-986-6112-50-8　定價—320元

國家圖書館出版品預行編目資料

沙灘上的療癒者：一個家族治療師的蛻變與轉化／吳就君作
－－初版．－－臺北市：心靈工坊文化, 2012.8
　面；公分．－－（Master；MA041）

ISBN 978-986-6112-50-8(平裝)

1.家族治療

178.8

101013642

心靈工坊 PsyGarden 書香家族 讀友卡

感謝您購買心靈工坊的叢書，為了加強對您的服務，請您詳填本卡，
直接投入郵筒（免貼郵票）或傳真，我們會珍視您的意見，
並提供您最新的活動訊息，共同以書會友，追求身心靈的創意與成長。

書系編號－MA041　　　　書名－沙灘上的療癒者：一個家族治療師的蛻變與轉化

姓名　　　　　　　　　　　　　是否已加入書香家族？ □是 □現在加入

電話（公司）　　　　　（住家）　　　　　手機

E-mail　　　　　　　　　　　生日　　年　　　月　　　日

地址 □□□

服務機構／就讀學校　　　　　　　　　　職稱

您的性別—□1.女 □2.男 □3.其他

婚姻狀況—□1.未婚 □2.已婚 □3.離婚 □4.不婚 □5.同志 □6.喪偶 □7.分居

請問您如何得知這本書？
□1.書店 □2.報章雜誌 □3.廣播電視 □4.親友推介 □5.心靈工坊書訊
□6.廣告DM □7.心靈工坊網站 □8.其他網路媒體 □9.其他

您購買本書的方式？
□1.書店 □2.劃撥郵購 □3.團體訂購 □4.網路訂購 □5.其他

您對本書的意見？
封面設計　　　　　□1.須再改進 □2.尚可 □3.滿意 □4.非常滿意
版面編排　　　　　□1.須再改進 □2.尚可 □3.滿意 □4.非常滿意
內容　　　　　　　□1.須再改進 □2.尚可 □3.滿意 □4.非常滿意
文筆／翻譯　　　　□1.須再改進 □2.尚可 □3.滿意 □4.非常滿意
價格　　　　　　　□1.須再改進 □2.尚可 □3.滿意 □4.非常滿意

您對我們有何建議？

▲您的意見，我們將轉貼在心靈工坊網站上，www.psygarden.com.tw

台北市106 信義路四段53巷8號2樓

讀者服務組　收

免　貼　郵　票

（對折線）

加入心靈工坊書香家族會員
共享知識的盛宴，成長的喜悅

請寄回這張回函卡（免貼郵票），
您就成為心靈工坊的書香家族會員，您將可以——

⊙隨時收到新書出版和活動訊息

⊙獲得各項回饋和優惠方案